上下ルビで学ぶ 介護の漢字ことば

にほんごの会企業組合 ◆ 著

スリーエーネットワーク

Published by 3A Corporation.
Trusty Kojimachi Bldg., 2F, 4, Kojimachi 3-Chome, Chiyoda-ku, Tokyo 102-0083, Japan

ISBN978-4-88319-882-5 C0081

First published 2021
Printed in Japan

はじめに

　外国から来て、介護の場で働く人が多くなっています。

　介護の場で働く人々がよい介護をするためには、介護の心と介護のことばを学ばなければなりません。

　介護のことばの中には、普通の生活では使わないような難しい漢字のことばがたくさんあります。介護のスタッフどうしが話したり、記録を書いたりするときのことば、また、介護の資格を取るための試験問題に出てくることばは、普通に使う日本語と同じではありません。

　介護の場で働く人々はとても忙しくて、日本語の勉強の時間もあまりないかもしれません。でも、忙しくても介護のことばをまずマスターしておかないと仕事がよくできませんし、キャリアアップもできません。

　この本は、忙しくて、あまり勉強の時間のない人が、介護のことばを早く楽しくマスターできるようにと考えて、作りました。

　介護の場では、スタッフどうしが話すときは「入浴」と言い、利用者さんと話すときは「おふろにはいる」と言うなど、同じことを違うことばで言うことが多いのです。この本ではそういう2つの言い方のあることばを

のように示しています。漢字と、「にゅうよく」と「おふろ（にはいる）」の3つを1つのかたまりとしています。この3つをいっしょに見ながら覚えていってください。

　介護のことばを、できるだけ早く、楽しみながら覚えるためのお役に立ちたいと願っています。

2021年5月
にほんごの会企業組合

【謝辞】

　この本を作るにあたり、現場の会話のやりとりの自然さ、ことばの使い方の適切さなどに関して、以下のみなさまのお力添えをいただきました。

　　社会福祉法人 浴風会ケアスクール校長 服部安子氏

　　社会福祉法人 世田谷社会福祉事業団 特別養護老人ホーム 芦花ホームサービス

　　　係長 新島清彦氏ほかのみなさま

　ご多忙中にもかかわらず、大変丁寧に検討・点検してくださいました。懇切なご指導とご協力に心から感謝いたします。

　さらに、上下ルビの試みを、現場で役立つ形として実現させてくださり、このように立派な本に仕上げてくださった、スリーエーネットワークの佐野智子氏、溝口さやか氏に心からお礼を申し上げます。

　みなさま、本当にありがとうございました。

2021年5月

にほんごの会企業組合

目次
もくじ

この本をお使いの方へ ……………………………………………… (6)
ほん つか かた

To the user of this book ………………………………………… (9)

致本书使用者 ……………………………………………………… (12)

GỬI BẠN ĐỌC SỬ DỤNG CUỐN SÁCH NÀY …………………… (15)

UNTUK PARA PENGGUNAAN BUKU INI ……………………… (18)

ユニット 1　朝 ………………………………………………………… 2
　　　　　　あさ

ユニット 2　食事 ……………………………………………………… 6
　　　　　　しょくじ

ユニット 3　口腔ケア・誤嚥 ………………………………………… 11
　　　　　　こうくう　ごえん

ユニット 4　日中のようす …………………………………………… 17
　　　　　　にっちゅう
　　　　　　　　　施設の中の場所 ………………………………… 20
　　　　　　　　　しせつ なか ばしょ

ユニット 5　排泄 ……………………………………………………… 23
　　　　　　はいせつ

ユニット 6　病院・検査 ……………………………………………… 30
　　　　　　びょういん けんさ
　　　　　　　　　体のことば1 …………………………………… 34
　　　　　　　　　からだ

ユニット 7　嘔吐と吐き気 …………………………………………… 38
　　　　　　おうと　は　け

ユニット 8　発熱 ……………………………………………………… 43
　　　　　　はつねつ

ユニット 9　けが ……………………………………………………… 49
　　　　　　
　　　　　　　　　骨のことば ……………………………………… 53
　　　　　　　　　ほね
　　　　　　　　　体のことば2 …………………………………… 54
　　　　　　　　　からだ

ユニット10　歩行 ……………………………………………………… 58
　　　　　　ほこう

ユニット11　転倒・転落 ……………………………………………… 63
　　　　　　てんとう てんらく

ユニット12　疼痛・かゆみ …………………………………………… 68
　　　　　　とうつう
　　　　　　　　　体位のことば ………………………………… 72
　　　　　　　　　たいい

ユニット13　傾眠と痰がらみ ………………………………………… 75
　　　　　　けいみん たん

ユニット14　入浴 ……………………………………………………… 80
　　　　　　にゅうよく

ユニット15　家族 ……………………………………………………… 86
　　　　　　かぞく

ユニット16　レクリエーション・行事 ……………………………… 94
　　　　　　　　　　　　　　　　ぎょうじ

ユニット17　ケアプラン・ケアカンファレンス …………………… 101

ユニット18　清掃・洗濯 ……………………………………………… 110
　　　　　　せいそう せんたく

ユニット19　褥瘡・浮腫 ……………………………………………… 116
　　　　　　じょくそう ふしゅ

ユニット20　夜間 ……………………………………………………… 121
　　　　　　やかん

索引 …………………………………………………………………… 126
さくいん

別冊　練習問題　解答
べっさつ　れんしゅうもんだい　かいとう

この本をお使いの方へ

この本の目的と対象

目的：介護のことばの中で、特に漢字のことば－漢字語と言います－を楽しく楽に覚えられることを目的にしています。漢字語は専門家どうしが話すときや、文書や試験などで使われることが多いですが、日常生活では漢字語を使わずに、やさしい言い方をすることがよくあります。この本では１つの漢字語の上下にルビをつけて、その読み方とやさしい言い方をいっしょに覚えられるようにしています（一部下ルビのない漢字語もあります）。この本で覚えてもらいたい漢字語は373語あります。それぞれの漢字語の使い分けがわかるような例文をつけています。

対象：日本語を学びながら介護の場で働いている人を対象にしています。日常の会話の日本語はできるけれど、介護の現場の漢字のことばがわからないという人に使ってもらいたいと思います。

この本の構成

1. この本は全部で20のユニットでできています。それぞれのユニットは、介護の場でいつもおこなわれている仕事の場面を取り上げて、そこで使われる漢字語を勉強します。
2. 各ユニットの後に練習問題を出しています。ユニットの勉強が終わったら、ユニットの漢字語がわかったかどうか、確かめてみてください。
3. 体のことばや、施設のことばなどはイラストで示しています。
4. 勉強したことばがどこに出ているかを調べるための索引は、五十音順（あいうえおの順）に並べてあります。
5. 別冊に練習問題の答えがあります。
6. 漢字語の読み方を勉強するときのために赤いシートを入れています。

各ユニットの構成

1. ウォーミングアップ

　漢字語の学習に入る前のウォーミングアップは、このユニットの内容がわかる場面会話です。利用者やその家族とスタッフ、またスタッフどうしのやりとりを通して、学習内容のイメージをつかむことが目的です。

2. 話すときのことば（話すときのことば）・書くときのことば（書くときのことば）の文

　学習する漢字語が使われている介護現場の文章です。話すときのことば（話すときのことば）はスタッフどうしの申し送りで、書くときのことば（書くときのことば）は介護記録です。両方とも、実際の介護の申し送りや記録が元になっています。

3. 漢字語と上下ルビ

　話すときのことば（話すときのことば）・書くときのことば（書くときのことば）に出てきた漢字語を学びます。そのほかに、ユニットのタイトルやウォーミングアップに出てきたものもあります。

　学習する漢字語には、上と下にルビがついています。

　上のルビは読み方です。下のルビは、生活の中で使うやさしい言い方や、意味です。上下のルビはどちらもひらがな表記にしていますが、ルビの例文では、漢字かな交じりになっています。

　漢字語を1つずつ、例文といっしょに学習します。上ルビの例文は、スタッフどうし（ス→ス）の会話や記録文（介護記録 記録）です。下ルビの例文は、スタッフと利用者、または利用者の家族（ス→利 ス→家）との会話です。

　一部の下ルビのない漢字のことばや、意味がわかりにくいことばには、英語、中国語、ベトナム語、インドネシア語の訳語がついています。

以下のマークをつけて、関係のあることばや情報も載せました。

同　　同義語

関　　関連語

反　　反対語

+α　　そのことばに関係のある病気の名前や介護専門用語など

4. よく使われる漢字のことば

　よく使われる漢字の読み方・意味と、その漢字を使ったことばを囲みで載せました。漢字のイメージからことばの意味や読みが類推できます。

　　例：「洗」「最」「室」

5. カテゴリー別のことば

　カテゴリー別のことばがイラストで理解できるようになっています。

　　例：「施設の中の場所」「体のことば」

6. ユニット〜の漢字のことば

　各ユニットで学習した漢字語をまとめて囲みに入れました。付録の赤いシートを使って、読み方や言いかえ、意味を自分で確認できるようになっています。

7. 練習問題

　各ユニットの最後に、練習問題がついています。

　介護現場でパソコンを使って介護記録を書くために正しい表記を知っていることが必要です。そのため漢字の読み方を問う問題では、拗音（例：きゃ、きゅ、きょ）や促音（っ）、長音など正しく書くことを目指しています。

　意味や使い方を確認したり、イラストを見て答える問題もあります。最後の問題は申し送りや介護記録です。文章の中での漢字語の使い方を練習します。

この本の使い方（例）

①ウォーミングアップはイラストを見て場面を想像しながら、やりとりを考えたり、話し合ったりしましょう。それから、スタッフや利用者やその家族になった気持ちで、会話を読んでみましょう。

②「話すときのことば（ 話す ときの ことば ）」の文、または「書くときのことば（ 書く ときの ことば ）」の文を声に出して読みます。漢字の読み方は上ルビを見てください。その後で下ルビを見て、意味を確認します。文章全体の意味が理解できているか、話し合いながら確認しましょう。

③それぞれの漢字語を、上ルビの例文、下ルビの例文を読みながら、学習します。例文の場面や意味を確認しながら進めましょう。漢字語のカードを作っておくと、フラッシュカードとして使えます。またカルタとりのようなゲームにして、楽しく学習することができます。

④「ユニット〜の漢字のことば」は、上下ルビが赤字になっていますので、赤シートで隠して確認しましょう。

⑤練習問題では、漢字語の意味や読み、使い方を確認しましょう。④とともに自習することもできます。

⑥これらの漢字語を介護の仕事現場で使えるようになることが目標です。パソコンやスマートフォンを使って、漢字のことばが探し出せるような練習もしてみましょう。

学習時間の目安（45分授業の場合）

ユニットによって異なりますが、大体2回から3回の授業で1ユニットを進めます。

To the user of this book

The aim and target user of this book

Aim: The aim of this book is to make learning words used in long-term care, particularly words made up of kanji, or kanji words, fun and easy to remember. Kanji words are often used by experts when they talk to each other, in documents and exams, but in everyday life, people communicate more simply without using kanji words. In this book, kana readings are given above and below kanji words, so that you can learn both their reading and a simpler way of saying them (some kanji words do not have lower kana readings). There are 373 kanji words that we would like you to learn in this book. Example sentences are also given, so that you can understand how to use each kanji word.

Target user: This book is targeted at people who are learning Japanese and working in a nursing care setting. It is particularly suitable for people who can speak Japanese in everyday conversation but do not know the kanji required in the nursing care field.

Structure of the book

1. The book is made up of 20 units. Each unit covers a frequently occurring situation in a nursing care setting and enables the study of the kanji words used in such a situation.
2. There are exercises after each unit. After studying the unit, use these exercises to make sure you understand the kanji words in the unit.
3. Words for parts of the body and for nursing care facilities are shown in the illustrations.
4. There is an index to find out where you studied particular words. This is in the order of the Japanese (A-I-U-E-O) syllabary.
5. The answers to the exercises are provided in a separate volume (at the end of this book).
6. A red cover sheet is included to aid with learning how to read the kanji words.

Structure of each unit

1. Warm-up

As a warm-up before starting to study the unit's kanji words, there is a conversation to set the scene, making it easier for you to grasp the content of the unit. The purpose of this is to get an image of what is being studied through the interaction between the facility users, their families, and the staff, as well as between the staff and other staff.

2. Sentences using the spoken word icon (話す) and the written word icon (書く)

These are kanji-word sentences used at nursing care facilities that you need to study. The spoken word icon (話す) indicates conversation between staff members; the written word icon (書く) indicates written words used in writing nursing care records. Both are based on actual conversations and nursing care records.

3. Kanji words and upper and lower kana readings

You should learn the kanji words indicated by the spoken word icon (話す) and the written word icon (書く
ときの
ことば). In addition, these may appear in the unit title or warm-up sections.

The kanji words you will learn have readings above and below them.

The kana above the kanji indicates how to read it. The kana below indicates its meaning and the simpler way of saying it in daily life. Both the upper and lower readings are written in hiragana, but in the kana example sentences, they are mixed with kanji.

You will learn kanji words one by one in example sentences. Example sentences with upper kana readings are conversations between staff (ス→ス) or written notes (long-term care records, 記録). Example sentences with lower kana readings are conversations between the staff and the facility user or the user's family (ス→利 ス→家).

Some kanji words without kana readings or that are difficult to understand have translations in English, Chinese, Vietnamese, and Indonesian.

The marks below indicate the following information about the word:

同	synonym
関	related word
反	antonym
+α	a word related to the name of an illness or a long-term care technical term

4. Commonly used kanji words

The readings and meanings of commonly used kanji and the words that use those kanji are listed in a box. The meaning and reading of words can be inferred from the image of the kanji.

Examples:「洗」「最」「室」

5. Words in categories

Words in categories can be understood via illustrations.

Examples:「施設の中の場所」「体のことば」

6. Unit – kanji words

The kanji words learned in each unit are arranged together in a box. You can use the accompanying red sheet to check the reading, paraphrasing, and meaning of the words by yourself.

7. Exercises

There are exercises at the end of each unit.

It is necessary to know the correct notation in order to write or update a facility user's care record on a PC. Therefore, in questions on how to read kanji, we focus on the learner being able to write correctly the following: contracted sounds (e.g., きゃ、きゅ、きょ), the geminate consonant (っ), long vowels, etc.

There are also exercises in which the learner must confirm meaning and usage as well as answer by looking at an illustration. The last exercises involve conveying information and health-care records. The learner practices how to use kanji words in sentences.

How to use this book (example)

① In the warm-up session, while imagining the scene by looking at the illustrations, think about and discuss the interactions between the people. Then read the conversation as if you were a staff member, a facility user, or a family member.

② Read aloud the sentences with the spoken word icon (話す) or the written word icon (書く). Look at the kana reading above the kanji to see how to read it. After that, look at the lower reading to confirm the meaning. Make sure you understand the meaning of the whole sentence while discussing it.

③ Learn each kanji word one by one while reading the example sentences with upper and lower readings. Proceed while confirming your understanding of the situation and the meaning of the example sentence. If you make kanji word cards, you can use these as flash cards. You can also use these as playing cards to play games and make your studies more fun.

④ The upper and lower readings in the "Unit - kanji words" section are in red, so hide them with the red sheet to confirm you know how to read them and to understand their meaning.

⑤ Use the exercises to check the meaning, reading, and usage of the kanji words you have studied. As with ④, you can do the exercises by yourself.

⑥ The goal is to be able to use these kanji words in a long-term care facility. Use your PC or smartphone to practice finding the kanji words.

Estimated study time (for a 45-minute class)

It depends on the unit, but in general, one unit is completed in two to three lessons.

致本书使用者

本书的目的与使用对象

目的：本书的目的是让大家能够轻松愉快地记住护理用语，特别是其中的汉字词语。汉字词语在专业人员之间的对话、或书面、考试等场合经常使用。不过，在日常生活中，则经常使用一些更为浅显易懂的表现，而不使用汉字词语。本书在每个汉字词语的上下分别注有注音假名和常用说法，以便于使用者能够把汉字词语的读音和浅显易懂的说法同时记住。（也有一部分汉字词语下面没有常用说法。）本书要求记住的汉字词语有373个。书中刊载有利于如何区别使用各个汉字词语的例句。

对象：本书是以一边学习日语，一边在护理现场工作的人为对象编辑的教材。我们希望虽然在日常会话中能讲日语，但却不懂护理现场使用的汉字词语的人能使用本书。

本书的构成

1．本书由20个单元构成。各个单元分别以护理现场经常出现的工作场景为主题，学习在这些场合使用的汉字词语。

2．每个单元之后均有练习问题。单元学习结束后，通过练习问题来确认一下是否已经理解了单元所学汉字词语。

3．有关人体、设施等的词语书中示有插图。

4．查找已学词语出现在何处的索引，按50音图"あいうえお"顺序排列。

5．附册附有练习问题的答案。

6．书中附有供学习汉字词语读音时使用的红膜自测卡。

各单元的构成

1．**热身活动**

进入汉字词语学习之前的热身活动是了解各单元内容的场景对话。目的是通过利用者、其家属和护理人员以及护理人员之间的对话，来获得学习内容的印象。

2．"口语用语（ 话す ときの ことば ）"、"书面用语（ 书く ときの ことば ）"的文章

这是使用所学汉字词语的护理现场的文章。口语用语（ 话す ときの ことば ）是护理人员之间的口头事务交接，"书面用语（ 书く ときの ことば ）"是护理记录。两者都来自于实际的护理交接和记录。

3．汉字词语与上下的注音假名和常用说法

学习口语用语（ 話す ときの ことば ）与书面用语（ 書く ときの ことば ）中出现的汉字词语。此外，还有单元标题和热身活动中出现的部分词语。

所学汉字词语上下均分别注有注音假名和常用说法。

上面的注音假名是读音。下面的常用说法是生活中使用的浅显易懂的说法、意思。上下的注音假名和常用说法均以平假名标注。不过，常用说法的例句中，汉字和假名是并用的。

把每个汉字词语和其例句放在一起来学习。上面注音假名的例句是护理人员之间（ ス→ス ）的对话和记录文字（护理记录 記録 ）。下面常用说法的例句是护理人员和利用者，或利用者家属（ ス→利 ス→家 ）之间的对话。

一部分没有标注下面的常用说法的汉字词语和意思难懂的词语附有英文、中文、越南文和印尼文的翻译。

书中还收录有标注以下标记的相关词语和信息。

同　　同义词

関　　关联词

反　　反义词

＋α　　是与这一词语相关的病名和护理专业用语等。

4．经常使用的汉字词语

把经常使用的汉字的读音、意思以及使用该汉字的词语放在同一框内。从汉字的形象可以类推出词语的意思和读音。

　　例：「洗」「最」「室」

5．按范畴分类的词语

按范畴分类的词语可以通过插图来加深理解。

　　例：「施設の中の場所」「体のことば」

6．单元～的汉字词语

各个单元所学汉字词语均归纳放在了专栏框内。可以利用附带的红膜自测卡，自己确认读音、替换说法和意思。

7．练习问题

各个单元的最后均有练习问题。

为了在护理现场使用电脑输入护理记录，必须知道正确的书写文字标记。因此，在汉字读音解答问题中，练习达成的目标是正确书写拗音（例：きゃ、きゅ、きょ）、促音（っ）和长音等。

此外还有确认意思和使用方法的问题，以及看图回答的问题。最后的问题是口头事务交接和护理记录，用以练习汉字词语在文章中的使用方法。

本书的使用方法（例）

①热身活动，让我们先一边看着插图想象场景，一边思考对话内容，就此内容进行交谈。然后再以护理人员、利用者及其家属的心情，来读一下会话。

②出声读"口语用语（ 話す ときの ことば ）"及"书面用语（ 書く ときの ことば ）"的文章。汉字的读音请看上面的注音假名。然后，再看下面的常用说法来确认词意。在进行交谈的同时，来确认一下自己是否已经理解了文章整体的意思。

③对每个汉字词语，一边读上面注音假名和下面常用说法的例句，一边学习。在学习过程中来确认例句的场景、意思。如果事先做有汉字词汇卡，则可以作为瞬间记忆卡来使用。还可以像日本的纸牌游戏那样，通过游戏来增加学习的乐趣。

④「单元～的汉字词语」，由于上下的注音假名和常用说法是用红色字体显示的，因此可以用红膜自测卡盖住来加以确认。

⑤在练习问题部分，让我们来确认一下汉字词语的意思、读音以及使用方法。也可以和④一起自习。

⑥学习目标是能够在护理现场使用这些汉字词语。还可以试着用电脑和智能手机来查找汉字词语。

学习时间的大致基准（1个课时为45分钟时）

根据单元有所不同，一般来说一个单元为２至３个课时。

GỬI BẠN ĐỌC SỬ DỤNG CUỐN SÁCH NÀY

Mục đích và đối tượng của cuốn sách

Mục đích: Mục đích đang hướng đến là làm cho việc ghi nhớ các từ vựng trong ngành điều dưỡng, đặc biệt là những từ hán tự một cách thú vị và dễ dàng. Từ hán tự thường được sử dụng khi các chuyên gia nói chuyện với nhau, trong các tài liệu và kỳ thi, nhưng trong cuộc sống hàng ngày thì không sử dụng chữ hán tự mà thường dùng những cách diễn đạt đơn giản. Trong cuốn sách này, có gắn chú thích vào trên và dưới một chữ hán tự để có thể cùng lúc học cách đọc và cách nói đơn giản (một số chữ hán tự không có phiên âm ở dưới). Có 373 từ hán tự mà chúng tôi muốn bạn ghi nhớ trong cuốn sách này. Có ví dụ đính kèm để bạn có thể hiểu cách sử dụng từng từ hán tự.

Đối tượng: Dành cho người đang học tiếng Nhật và đang làm việc trong ngành điều dưỡng. Chúng tôi muốn những người có thể nói tiếng Nhật trong giao tiếp thường ngày nhưng lại không hiểu những từ hán tự trong ngành điều dưỡng, sử dụng cuốn sách này.

Bố cục của cuốn sách

1. Cuốn sách này có tất cả 20 chương. Từng chương sẽ đưa ra các bối cảnh, tình huống công việc thường được thực hiện ở ngành điều dưỡng, dựa vào đó sẽ học những từ hán tự được sử dụng trong đó.
2. Sau mỗi chương đều đưa ra câu hỏi ôn tập. Sau khi học xong 1 chương, hãy xác nhận thử xem đã hiểu từ hán tự của chương đó hay chưa.
3. Những từ về cơ thể, những từ về trang thiết bị được thể hiện bằng các hình minh họa.
4. Phụ lục được sắp theo thứ tự 50 âm "あいうえお" để tìm kiếm những từ ngữ vựng đã được học.
5. Đáp án câu hỏi ôn tập có trong cuốn sách đính kèm.
6. Kèm thêm tấm bìa đỏ dùng khi học cách đọc từ hán tự.

Bố cục của các chương

1. Khởi động

Khởi động trước khi học từ hán tự là bối cảnh một cuộc hội thoại để hiểu nội dung của chương này. Mục đích là để hình dung ra nội dung học thông qua cuộc hội thoại giữa bệnh nhân, gia đình của họ với nhân viên, hay giữa các nhân viên với nhau.

2. "Từ vựng sử dụng trong văn nói (話す)" và "Từ vựng sử dụng trong văn viết (書く)"

Là những câu văn thực thể được sử dụng tại địa điểm điều dưỡng mà có những từ hán tự sẽ học. "Từ vựng sử dụng trong văn nói (話す)" sử dụng để trao đổi thông tin giữa các nhân viên điều dưỡng, "Từ vựng sử dụng trong văn viết (書く)" sử dụng để ghi lại thông tin trong hồ sơ điều dưỡng. Cả 2 đều dựa trên việc trao đổi thông tin, hồ sơ điều dưỡng thực tế.

3. Từ hán tự và chú thích trên, dưới

Học những từ hán tự có trong "từ vựng sử dụng trong văn nói (話す)" và "từ vựng sử dụng trong văn viết (書く)". Ngoài ra, có cả những từ trong chương hội thoại và chương khởi động.

Có chú thích trên, dưới để có thể tự học các từ hán tự.

Chú thích trên là cách đọc. Chú thích dưới là ý nghĩa, cách nói đơn giản sử dụng trong sinh hoạt. Chú thích trên, dưới đều được ghi bằng hiragana, nhưng có một vài chú thích là câu văn ví dụ thì sẽ ghi cả chữ hán tự và kana.

Hãy học từng từ hán tự một cùng với câu văn đi kèm. Ví dụ của chú thích trên, là câu văn trong hội thoại của những nhân viên (ス→ス) hay câu văn ghi chép (hồ sơ điều dưỡng 記録). Ví dụ của chú thích dưới, là hội thoại của nhân viên và bệnh nhân, hay nhân viên và người nhà bệnh nhân (ス→利 ス→家).

Đối với những từ vựng hán tự không có chú thích bên dưới, những từ vựng khó hiểu thì có đính kèm nghĩa tiếng Anh, tiếng Trung, tiếng Việt, tiếng Inđonesia.

Những phần có gắn ký hiệu dưới đây được ghi trong sách thì có kèm theo từ vựng tương đồng và thông tin liên quan.

- **同**   Từ đồng nghĩa
- **関**   Từ liên quan
- **反**   Từ đối nghĩa
- **+α**   Tên bệnh hoặc những từ chuyên ngành điều dưỡng có liên quan đến từ này.

4. Những từ vựng hán tự thường dùng.

Cách đọc và ý nghĩa của từ hán tự thường dùng, từ vựng dùng chữ hán tự đó được chúng tôi cho vào trong khung. Bạn có thể suy ra được cách đọc hay ý nghĩa từ hình ảnh của từ hán tự đó.

Ví dụ:「洗」「最」「室」

5. Từ vựng theo nhóm

Từ vựng theo nhóm được thể hiện theo hình minh họa giúp bạn dễ hiểu.

Ví dụ:「施設の中の場所」「体のことば」

6. Từ vựng hán tự theo chương~

Các từ vựng hán tự đã học được tập hợp theo các chương và được đóng khung. Bạn có thể sử dụng tấm bìa màu đỏ trong phần phụ lục để tự kiểm tra cách đọc, cách diễn giải và ý nghĩa của từ vựng.

7. Câu hỏi ôn tập

Ở cuối các chương, có kèm theo các câu hỏi ôn tập.

Sử dụng máy tính tại địa điểm điều dưỡng để viết hồ sơ điều dưỡng thì việc biết các ký hiệu chính xác là rất cần thiết. Vì vậy, câu hỏi về cách đọc hán tự chúng tôi hướng tới việc viết chính xác các từ nguyên âm đôi (ví dụ: きゃ、きゅ、きょ) hay xúc âm (っ), trường âm.

Cũng có những câu hỏi để kiểm tra ý nghĩa, cách sử dụng, nhìn hình minh họa để trả lời. câu hỏi cuối cùng là việc trao đổi thông tin, hồ sơ điều dưỡng. Luyện tập cách sử dụng từ hán trong những câu văn.

Cách sử dụng sách (Ví dụ)

① Phần khởi động bạn hãy suy nghĩ và thảo luận bằng cách nhìn hình minh họa và tưởng tượng hoàn cảnh thực tế. Sau đó, hãy đặt mình vào hoàn cảnh nhân viên, bệnh nhân hay người nhà của bệnh nhân đó và đọc câu văn hội thoại.

② Đọc thành tiếng câu văn trong "Từ vựng sử dụng trong văn nói (話す ときの ことば)" và "Từ vựng sử dụng trong văn viết (書く ときの ことば)". Cách đọc từ hán tự hãy nhìn vào phần chú thích bên trên. Sau đó, nhìn phần chú thích bên dưới để kiểm tra nghĩa của từ đó. Vừa thảo luận vừa kiểm tra xem có hiểu rõ ý nghĩa tổng thể của câu văn không.

③ Vừa đọc từng từ hán tự một, vừa đọc câu văn ví dụ của phần chú thích trên, chú thích dưới để học. Từng chút một, vừa kiểm tra ý nghĩa hay câu văn ví dụ trong tình huống. Có thể sử dụng thẻ ghi nhớ nhanh bằng cách làm sẵn thẻ ghi nhớ từ hán tự. Ngoài ra, bạn cũng có thể coi các thẻ bài như là trò chơi để có thể học một cách vui vẻ hơn.

④ Vì chú thích trên, dưới của các "Từ ngữ hán tự theo chương~" được ghi bằng chữ đỏ, nên có thể dùng tấm bìa màu đỏ để che lên và kiểm tra lại.

⑤ Hãy kiểm tra ý nghĩa, cách đọc, cách sử dụng của từ hán tự trong phần câu hỏi ôn tập. Cũng có thể tự học cùng với phần ④.

⑥ Mục tiêu là bạn có thể sử dụng những từ hán tự này trong công việc ngành điều dưỡng. Hãy luyện tập thêm bằng cách sử dụng máy tính hay điện thoại để tìm kiếm ra những từ vựng hán tự.

Thời gian học dự kiến (cho tiết học 45 phút)

Tùy thuộc theo mỗi chương, nhưng nhìn chung 1 chương có thể học từ 2 đến 3 tiết.

UNTUK PARA PENGGUNAAN BUKU INI

TUJUAN DAN TARGET BUKU INI

TUJUAN: Buku ini bertujuan agar proses pembelajaran lebih menyenangkan dan lebih mudah mempelajari kosakata untuk perawatan lansia, terutama kosakata kanji. Kosakata kanji sering digunakan saat para spesialis berbicara satu sama lain, dalam dokumen dan saat ujian, tetapi dalam kehidupan sehari-hari lebih sering digunakan bahasa yang lebih sederhana tanpa menggunakan kosakata kanji. Dalam buku ini furigana ditambahkan diatas dan dibawah satu kanji, sehingga anda dapat mempelajari cara membaca kanjinya dan bahasa yang lebih sederhananya secara bersamaan (beberapa kosakata kanji tidak ada furigana di bawahnya). Ada 373 kosakata kanji yang perlu diingat dibuku ini. Contoh kalimat dilampirkan sehingga anda dapat memahami cara penggunaan setiap kosakata kanji.

TARGET: Buku ini ditargetkan untuk orang-orang yang belajar bahasa jepang sambil bekerja di lingkungan keperawatan lansia. Untuk orang-orang yang sudah bisa bahasa jepang untuk kehidupan sehari-hari tetapi tidak mengerti kosakata kanji keperawatan lansia bisa menggunakan buku ini.

STRUKTUR BUKU INI

1. Buku ini seluruhnya terdiri dari 20 unit. Setiap unitnya mengilustrasikan pekerjaan yang dilakukan di keperawatan lansia lalu mempelajari kosakata kanji yang digunakan disana.
2. Soal latihan diberikan disetiap akhir unit. Setelah mempelajari unit tersebut anda bisa memastikan apakah sudah memahami atau belum kosakata kanji yang digunakan diunit tersebut.
3. Ada ilustrasi untuk kosakata bagian tubuh, kosakata dipanti jompo dll.
4. Agar lebih mudah menemukan kosakata yang telah dipelajari, ada indeks yang diurutkan menurut abjad AIUEO.
5. Terdapat kunci jawaban soal latihan dibuku terpisah.
6. Didalam buku ada plastik transparan merah yang berguna untuk belajar cara membaca kosakata kanji.

STRUKTUR SETIAP UNIT

1. Pemanasan

Pemanasan sebelum memulai belajar kosakata kanji adalah untuk memahami isi adegan percakapan di setiap unit. Bertujuan untuk mendapatkan gambaran interaksi antara perawat lansia dengan pasien atau keluarganya dan interaksi antara sesama perawat lansia.

2. Kalimat "Kosakata untuk berbicara (話す)" · "Kosakata untuk menulis (書く)".

Kosakata kanji yang akan dipelajari adalah kanji yang sering digunakan pada kalimat di bidang keperawatan lansia. Kosakata untuk berbicara (話す) digunakan saat operan antar sesama pekerja, Kosakata untuk menulis (書く) digunakan saat menulis catatan. Keduanya adalah dasar untuk melakukan operan dan menulis catatan di pekerjaan kperawatan lansia.

3. Kosakata kanji dan furigana atas dan bawah

Mempelajari kosakata kanji yang keluar di Kosakata untuk berbicara (話すときのことば) · Kosakata untuk menulis (書くときのことば). Dalam kosakata kanji yang akan dipelajari di dalam buku ini, ada beberapa di antaranya yang keluar di dalam judul dan pemanasan setiap unit.

Ada furigana di atas dan di bawah kosakata kanji yang akan dipelajari.

Furigana yang di atas adalah cara baca kanji tersebut. Furigana yang di bawah adalah bahasa sederhana yang sering digunakan di kehidupan sehari-hari dan artinya. Baik furigana yang di atas dan di bawah ditulis dengan hiragana, namun di dalam contoh kalimatnya terdapat campuran kanji dan hiragana.

Pelajari kosakata kanji satu persatu bersama dengan contoh kalimat. Contoh kalimat furigana yang diatas adalah percakapan antar perawat lansia (ス→ス) dan kalimat catatan (catatan keperawatan 記録). Contoh kalimat furigana yang di bawah adalah percakapan antara pekerja dan pasien atau juga keluarga pasien (ス→利) (ス→家).

Beberapa kanji dan kosakata tanpa furigana bawah atau kosakata yang sulit dimengerti, memiliki terjemahan dalam bahasa Inggris, bahasa China, bahasa Vietnam dan bahasa Indonesia.

Kami juga melampirkan kosakata yang berkaitan dan informasi terkait, dengan tanda berikut dibawah ini:

同   Sinonim

関   Kata terkait

反   Antonim

+α   Nama penyakit atau bahasa spesialis yang berhubungan dengan kosakata tersebut.

4. Kosakata kanji yang sering digunakan

Cara baca dan arti dari kanji yang sering digunakan, serta kosakata yang menggunakan kanji tersebut dimasukkan di dalam kolom. Kita dapat menyimpulkan makna dan cara baca kosakata kanji dengan membayangkan huruf kanjinya.

Contoh:「洗」「最」「室」

5. Kata berdasarkan kategori

Bisa memahami kata berdasarkan kategori dengan ilustrasi.

Contoh:「施設の中の場所」「体のことば」

6. Kosakata kanji di unit ke ~

Kosakata kanji yang telah dipelajari di setiap unit disatukan dalam sebuah kolom yang ada di setiap akhir unit. Anda bisa memeriksa cara baca, kata yang sejenis dan juga arti dengan menggunakan plastik transparan merah yang telah disediakan.

7. Soal latihan

Di setiap akhir unit, disediakan soal latihan.

Penting untuk mengetahui notasi yang benar pada saat menulis catatan keperawatan dengan komputer di panti jompo. Oleh karena itu disediakan soal latihan cara membaca kanji, yang bertujuan agar bisa menulis youon (penggunaan ya, yu, yo kecil) (contoh: きゃ、きゅ、きょ),

sokuon (penggunaan tsu kecil) (っ) dan chouon (pengucapan panjang) dengan baik dan benar.

Pada soal latihan, ada soal untuk memastikan arti dan penggunaan kosakata kanji, dan ada juga soal latihan kosakata kanji yang cara menjawabnya dengan melihat ilustrasi yang disediakan. Terakhir adalah soal untuk operan dan catatan keperawatan. Berlatih bagaimana cara menggunakan kosakata kanji di dalam sebuah kalimat.

CARA PENGGUNAAN BUKU INI (contoh)

① Pada bagian pemanasan, percakapan atau memikirkan tindakan dilakukan dengan membayangkan situasi seperti yang ada di ilustrasi. Kemudian cobalah membaca situasi percakapan seolah-olah anda berada di posisi pekerja yang lain, pasien atau keluarga pasien.

② Bacalah kalimat "Kosakata untuk berbicara (話す ときの ことば)" dan "Kosakata untuk menulis (書く ときの ことば)" dengan mengeluarkan suara. Untuk cara baca kanjinya lihat furigana yang diatas. Setelah itu lihat furigana yang dibawah untuk memastikan artinya. Pastikan apakah sudah mengerti arti keseluruhan kalimatnya dengan cara berdiskusi.

③ Pelajari satu persatu kosakata kanji dengan membaca contoh kalimat furigana atas dan bawah. Mari teruskan sambil memastikan arti dan situasi yang ada dicontoh kalimat. Jika anda membuat kartu kata kanji anda bisa menggunakannya sebagai kartu flash untuk belajar kanji. Jika dibuat seperti permainan karuta (permainan kartu), maka proses pembelajaran bisa lebih menyenangkan.

④ Pada "Kosakata kanji di unit ke ~" furigana atas dan bawah ditulis dengan warna merah, gunakan plastik transparan merah untuk pembelajarannya.

⑤ Pada soal latihan pastikan arti, cara baca dan penggunaan kosakata kanji. Bisa digunakan untuk belajar mandiri bersama dengan poin nomor ④.

⑥ Tujuannya adalah agar dapat menggunakan kosakata kanji ini di tempat kerja keperawatan lansia. Berlatihlah untuk menemukan kanji dengan menggunakan komputer atau smartphone.

Perkiraan waktu pembelajaran (untuk kelas 45 menit)

Setiap unit berbeda-beda tetapi 2 sampai 3 kali pertemuan diperkirakan bisa menyelesaikan 1 unit.

上下ルビで学ぶ 介護 の 漢字ことば

ユニット **1** 朝

ウォーミングアップ

マリ（介護士）：山田さん、おはようございます。

山田　　　　　：おはようございます。

マリ　　　　　：ゆうべはよく眠れましたか。

山田　　　　　：おかげさんで、ぐっすり。

マリ　　　　　：それはよかったですね。朝の準備をしましょうか。

マリ　　　　　：顔を洗いましょうね。手伝いましょうか。

山田　　　　　：大丈夫。自分でできるから。

1. 朝 バイタル

話す
ときの
ことば

山田さん、6時半ごろ目をさましたようすです。7時起床。

バイタル測定。体温36度5分、血圧上118の下79、

脈拍85、特に異常ありません。

起床
おきる

ス→ス 山田さん、けさはいつもよりおそく7時半起床です。

ス→利 鈴木さん、7時です。起きましょう。

関 **離床**
ベッドをでる

測定
はかる

ス→ス 血圧測定をしたら、いつもより高めでした。

ス→利 血圧を測りますから、腕を出してくださいね。

体温

利→ス わたしの体温はいつもは35度5分ぐらいなんだけど、きょう
はちょっと高いみたい。

body temperature 体温 nhiệt độ cơ thể suhu tubuh

血圧

ス→利 血圧は朝起きたときは低いけど、動いていると上がってきま
すよ。

blood pressure 血压 huyết áp tekanan darah

脈拍

ス→利 きょうの脈拍は85ですね。いつもより多いけどどうしたん
でしょうね。

pulse 脉搏 nhịp đập của mạch denyut nadi

異常
かわったこと

記録 田中さん、おしりがかゆいとの訴え、見たところ殿部（臀
部）の異常なし。

利→ス ゆうべ地震があったね。家に変わったことがないといいけど。

反 **正常**

3

2. 朝　洗顔

話すときのことば

山田さん、ひとりでしっかり立つことができ、**自力**で
じぶんで

洗顔しています。パジャマを着がえ、髪をとかして食
かおをあらう

堂へ行きました。

洗顔
せんがん
かおをあらう

ス→ス　山田さん、歯みがきと洗顔を終え、さっぱりした顔つきです。
ス→利　顔を洗ったら、着がえましょうか。

洗　読み方：セン
　　意味：洗う

洗髪　　　洗面器　　　洗濯機
せんぱつ
かみをあらう

自力
じりき
じぶんで

ス→ス　山田さん、腕の痛みがとれて自力で着がえができます。
利→ス　ボタンは自分でかけられるから大丈夫。

ユニット1の漢字のことば

起床	離床	測定	体温	血圧	脈拍	異常
きしょう	りしょう	そくてい	たいおん	けつあつ	みゃくはく	いじょう
おきる	ベッドをでる	はかる				かわったこと

正常	洗顔	洗髪	洗面器	洗濯機	自力
せいじょう	せんがん	せんぱつ	せんめんき	せんたくき	じりき
	かおをあらう	かみをあらう			じぶんで

練習問題

問題1 絵と合うことばを線で結びましょう。漢字の下に読み方を書きましょう。

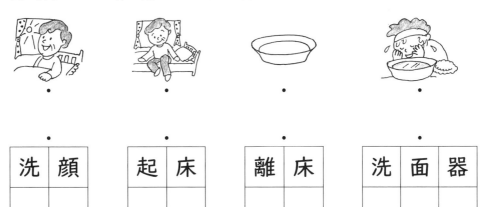

洗	顔

起	床

離	床

洗	面	器

問題2 バイタルのことばを○で囲みましょう。その漢字を下から選んで線で結びましょう。

たいじゅう　　みゃくはく　　たいおん　　けつえき　　きおん　　けつあつ

体温　　　　　　脈拍　　　　　　血圧

問題3 【　　　】に読み方を書きましょう。意味をa～dから選んで（　　　）に入れましょう。

① 測定【　　　　】（　　）

② 異常【　　　　】（　　）

③ 洗髪【　　　　】（　　）

④ 自力【　　　　】（　　）

> a. かみの毛をあらう。
> b. じぶんでする。
> c. 体温や体重、身長などをはかる。
> d. いつもとちがう。正常ではない。

問題4 （　　　）に合うことばをa～fから選んで入れましょう。

① Aさん、7時半（　　　　）。声かけにもしっかり返事をされています。
（　　　）35度、（　　　）113と75、（　　　）74です。

② Bさん、（　　　）で、歯みがきと（　　　）をされました。

a. **自力**	b. **脈拍**	c. **血圧**	d. **体温**	e. **起床**	f. **洗顔**

ユニット 2 食事

ウォーミングアップ

マリ：山田さん、朝ごはんですよ。

山田：そう。じゃ、食堂に行かなくちゃね。

マリ：きょうのメニューは何でしょうね。ここに書いてありますよ。

・・・・・・

マリ：おいしいですか。

山田：うん、おいしいよ。でも、もういい。

マリ：じゃあ、お茶にしましょうね。
　　　果物はどうですか。きょうはすいかですよ。

山田：へえ、すいか？　いいねえ。

きょうの献立

おかゆ

焼き魚

かぼちゃの煮物

みそ汁

すいか

1. 食事介助その1

話すときのことば

朝食（あさごはん）は 主食（ごはん／パン／めん） 10割、副食（おかず）10割、汁10割、お茶300cc、牛乳200ccと、全量（ぜんぶ） 摂取（たべる／のむ） しました。

＊10割＝100%（1割＝10%）

介助（かいじょ）

ス→ス 山田さん、3割ほど自力で、その後は介助で、ぜんぶ召し上がりました。

assistance　护理、服侍　giúp, trợ giúp　bantuan

朝食（ちょうしょく）あさごはん

ス→ス 鈴木さん、胃のレントゲンをとるため、けさは朝食なしです。

ス→利 山田さん、朝ごはんの卵焼きはおいしかったですか。

関 昼食（ちゅうしょく）ひるごはん　夕食（ゆうしょく）ばんごはん　間食（かんしょく）おやつ

主食（しゅしょく）ごはん／パン／めん

ス→ス 田中さんはゆうべからおなかが痛いということなので、きょうの主食は五分がゆです。

利→ス おなかいっぱいで、ごはん少しのこしちゃった。

副食（ふくしょく）おかず

ス→ス 山中さん、魚が好きで、きょうの副食は10割です。

利→ス きょうの卵を使ったおかずは、おいしかったよ。

副食（ふくしょく）　主食（しゅしょく）　汁（しる）

全量（ぜんりょう）ぜんぶ

記録 佐藤さん、このごろ食事は毎食全量摂取。

ス→利 きょうはぜんぶ食べられてよかったですね。

同 完食（かんしょく）

摂取（せっしゅ）たべる／のむ

記録 気温が上がったため、何度も水分摂取をすすめた。

ス→利 栄養のあるものをたくさん食べたり飲んだりして早くよくなってくださいね。

2. 食事介助その2

話すときのことば

山田さん、最近 体調が悪くて、きょうは 食欲がないと言っています。食事はおかゆにしてようすを見ることにします。

最近 このごろ

ス→ス 山田さん、最近少し耳が聞こえにくくなってきています。
利→ス このごろ雨が多いね。散歩に行きたいのに出られないね。

> 最　読み方：サイ
> 意味：いちばん　もっとも
> 最初・最後　　最高・最低
> 8,848m
> 5,895m
> 3,776m

体調 からだのちょうし

記録 鈴木さん、朝から体調がよくないので午後のレクリエーションには参加しなかった。
ス→利 体の調子はいかがですか。午後のカラオケに参加できますか。

食欲 たべたい

ス→ス 佐藤さんは最近とても食欲があり、毎食完食です。
ス→利 またあとで食べたくなったら言ってくださいね。

ユニット2の漢字のことば

かいじょ	ちょうしょく	ちゅうしょく	ゆうしょく	かんしょく	しゅしょく
介助	朝食	昼食	夕食	間食	主食
	あさごはん	ひるごはん	ばんごはん	おやつ	ごはん／パン／めん

ふくしょく	ぜんりょう	かんしょく	せっしゅ	さいきん	さいしょ	さいご
副食	全量	完食	摂取	最近	最初	最後
おかず	ぜんぶ		たべる／のむ	このごろ		

さいこう	さいてい	たいちょう	しょくよく
最高	最低	体調	食欲
		からだのちょうし	たべたい

練習問題

問題1 下の献立を見て、（1）～（4）に答えましょう。

① 朝食（　　　）【　　　　　】	⑤主食【　　　　　】：おかゆ　　汁：みそ汁
	⑥副食【　　　　　】：魚の煮つけ
② 昼食（　　　）【　　　　　】	主食：炊き込みごはん　　汁：すまし汁
	副食：ほうれんそうのおひたし
③ 間食（　　　）【　　　　　】	まんじゅう　　お茶
④ 夕食（　　　）【　　　　　】	主食：ごはん　　汁：みそ汁
	副食：鶏肉の照り焼き　　かぼちゃの煮つけ　　サラダ

（1）　①～④と同じ意味のことばをa～dから選んで（　　　　）に入れましょう。

　　　a．ばんごはん　　　b．あさごはん　　　c．ひるごはん　　　d．おやつ

（2）　【　　　　　】に漢字の読み方を書きましょう。

（3）　この日の夜のおかずは何ですか。

　　　_____

（4）　次の文と内容が合っているものをa～dから選びましょう。
　　　「山田さん、朝食は、主食全量、副食は5割、汁7割摂取」

　　　┌─────────────────────────────┐
　　　│　a．おかゆはぜんぜん食べなかった。　│
　　　│　b．おかゆはぜんぶ食べた。　│
　　　│　c．魚は半分食べた。　│
　　　│　d．スープは半分以上飲んだ。　│
　　　└─────────────────────────────┘

問題2

（1） 例のように、「最」といっしょにことばができる漢字を線で結びましょう。

$$最$$

a. 近　b. 食　c. 初　d. 後　e. 高　f. 遠　g. 低

（2） （1）で作った漢字のことばを選んで【　　　　　】に読み方を書きましょう。

① 山田さんの【例　e. さいこう】血圧は125、【　　　　　】血圧は80です。

② 前はとても元気な 林 さんでしたが、【　　　　　】元気がありません。

③ 田中さんはいつも【　　　　　】に「いただきます」と言って、食べ始めます。

そして【　　　　　】にお茶を飲んで、かならず「ああ、おいしかった。ごち
そうさま」と言います。

問題3　（　　　　　）に合うことばをa～gから選んで入れましょう。

① Aさんは（　　　　）のとき、（　　　　）がないということで、主食も

（　　　　）も、（　　　　）程度（　　　　）されたところで、介助を終えました。

② Bさんはとても（　　　　）がよさそうです。食事もおいしそうに召し上がり、

（　　　　）されています。

a. 食欲	b. 夕食	c. 体調	d. 副食
e. 摂取	f. 完食	g. ２割	

ユニット 3 口腔ケア・誤嚥

ウォーミングアップ

ポール（介護士）：ごはんがすんだら、口をきれいにしましょうね。

鈴木　　　　　：口の中に、なんかできてるみたいで、痛いんだけど。

ポール　　　　：そうですか。ちょっと見せてくださいね。

　　　　　　　　あ、口の中にぼつぼつができてますね。いつから痛いですか。

鈴木　　　　　：ゆうべからね。

ポール　　　　：じゃあ、今はうがいだけにしましょう。看護師さんに知らせて

　　　　　　　　おきますね。

11

1. 口腔ケアその1

 話す ときの ことば

義歯 をはずして 口腔 ケアをしました。口腔内に 水疱 が

あります。

ブラシを使わず、ガーゼでお願いします。

口腔 くちのなか	ス→ス 毎晩入れ歯をはずし、口腔ケアをしてください。 ス→利 よくうがいをして口の中をきれいにしてくださいね。 同 口腔内
誤嚥 たべものが ちがったところに はいる	記録 加藤さん、食事のとき誤嚥をして、苦しそうに咳をしていた。 +α 誤嚥性肺炎 ス→利 食べ物が違ったところに入ったので、むせて苦しかったですね。 関 誤飲 まちがってのみこむ
義歯 いれば	ス→ス 山田さん、最近作った新しい義歯が合わなくて、かみにくいようです。 ス→利 新しい入れ歯の調子はどうですか。おいしく食べられますか。
水疱 みずぶくれ	記録 中村さん、きのうのやけどで足の甲に水疱あり。 利→ス やけどのあとの水ぶくれが破れて何か出てきたんだけど、ちょっと見てくれない？

2. 口腔ケアその2

書くときのことば

食事の前に口腔ケア **体操** をおこなった。**実際** にやりなが

ら、この **体操** が **咀嚼** や **嚥下** の **機能** を高め、誤嚥 **防止**

につながることを **説明** すると、訪れていた家族の方

も **納得** していた。

ユニット3

体操 たいそう

[ス→ス] 中村さん、毎朝公園で体操しているので、とても丈夫です。

physical exercises　体操　thể dục　senam

実際 じっさい ここで

[ス→ス] 中村さんのご家族、口腔ケア体操について知りたがっていま
したので、実際にして見せました。

[ス→家] 今から口腔ケア体操をここでやってお見せしますね。

咀嚼 そしゃく かむ

[ス→ス] 山口さん、歯が2本抜けて、食事のとき、咀嚼に時間がかかっ
ています。

[ス→利] おいしい野菜ですよ。よくかんでくださいね。

嚥下 えんげ のみこむ

[記録] 加藤さん、あごの筋肉が弱ってきて嚥下力が落ちている。

[ス→利] おいしい肉ですよ。よくかんで少しずつ飲み込みましょうね。

機能 きのう はたらき

[記録] 尿が出にくいのは、腎臓の機能が十分でないためとのこと。

[利→ス] 年をとって、頭の働きが弱くなったみたいだよ。すぐ忘れ
てしまうんだ。

防止 ぼうし ふせぐ

[記録] 誤嚥事故の防止のため、食べ物の大きさや固さにも気をつける。

[ス→利] 水分をたくさん取って熱中症を防ぎましょう。

<table>
<tr>
<td>
せつめい
説明
わかるようにいう
</td>
<td>
記録 入所者の家族に1日の過ごし方を説明。
利→ス この薬の飲み方、よくわからないの。<u>わかるように言ってく</u>
れない？
</td>
</tr>
<tr>
<td>
なっとく
納得
わかる
</td>
<td>
記録 高橋さんのリハビリの進め方について家族に<u>納得</u>してもらった。
利→ス 杖がいることを息子にも<u>わかって</u>もらうからね。
</td>
</tr>
</table>

ユニット3の漢字のことば

こうくう 口腔 くちのなか	こうくうない 口腔内	ごえん 誤嚥 たべものが ちがったところに はいる	ごいん 誤飲 まちがって のみこむ	ぎし 義歯 いれば	すいほう 水疱 みずぶくれ	たいそう 体操
じっさい 実際 ここで	そしゃく 咀嚼 かむ	えんげ 嚥下 のみこむ	きのう 機能 はたらき	ぼうし 防止 ふせぐ	せつめい 説明 わかるようにいう	なっとく 納得 わかる

14

練習問題

問題1

（1） 漢字の下に読み方を書きましょう。

a.	b.	c.	d.
防 止	納 得	説 明	体 操

（2） （　　　）に合うことばを（1）のa〜dから選んで入れましょう。

① 仕事のやり方を（　　　　）する。

② 理由がわかって（　　　　）した。

③ リハビリで（　　　　）を続けたら、だんだん歩けるようになった。

④ 誤嚥事故を（　　　　）する。

問題2 【　　　　】に読み方を書きましょう。意味をa〜dから選んで（　　　　）に入れましょう。

① **義歯**【　　　　】（　　　　）

② **口腔**【　　　　】（　　　　）

③ **水疱**【　　　　】（　　　　）

④ **誤飲**【　　　　】（　　　　）

a. まちがって、たべものやのみものではないものを、のんでしまうこと。
b. みずぶくれ。ぶつぶつ。
c. いれば
d. くちの中

問題3 （　　　　）に合うことばをa〜gから選んで入れましょう。

① Aさんは昨夜（　　　　）から肺炎を起こし、入院しました。最近、新しい

（　　　　）が合わず、（　　　　）がうまくできないために、食事中によく

むせこんでいました。

② （　　　　）を向上させるために、当ホームでは必ず食事前に口の（　　　　）

をおこなっています。

③ 誤嚥は食べ物だけでなく、眠っているときの唾液の飲み込みでも起こりま

す。寝る前にはよく（　　　　）ケアをおこない、唾液中の菌が増えるのを

（　　　　）するようにしてください。

| a. 口腔 | b. 誤嚥 | c. 防止 | d. 義歯 |
| e. 咀嚼 | f. 嚥下機能 | g. 体操 | |

誤嚥を防ぐために

食事の前に「パタカラ体操」をしましょう。

パ　タ　カ　ラ

ユニット 4 日中のようす

ウォーミングアップ

ポール：どうしましたか。声が聞こえましたけど。

山田　：別に。もういいの。

ポール：そうですか。そろそろお昼ですから、食堂へ行きましょうか。

・・・・・・

山田　：もう夕方だからうちに帰らなくちゃ。

ポール：もう夕方ですね。外は暗くなりましたね。

山田　：子どもが待ってるし。

ポール：外は暗いから、あしたにしましょうか。

山田　：そうだね。暗い道で転ぶといやだからね。

1. 訪室

書く
ときの
ことば

居室から大声が聞こえたので、急いで訪室すると、

ベッドに端座位でにこにこ笑っていた。そのまま車いすに

移乗してもらい、食堂にお連れした。

日中
にっちゅう
ひるま

| 記録 | 山田さん、日中のリハビリや、歌の会で疲れたようす。 |
| スー利 | 山田さん、昼間はリビングで過ごしましょうね。 |

訪室
ほうしつ
へやにいく

| スースー | ナースコールで訪室すると、のどがかわいて何か飲みたいということでした。 |
| スー家 | きのう、おへやに行ったらご家族の写真を見ていらっしゃいました。 |

居室
きょしつ
へや
→p20

| 記録 | 加藤さん、昼食の途中、気分が悪いということで居室にもどって休む。 |
| スー利 | 加藤さん、気分が悪いようでしたらおへやに行きましょうか。 |

> **室**
> 読み方：シツ
> 意味：へや
>
> 事務室・医務室 →p20 　　室内
>
>

端座位
たんざい
はしにすわる
→p72

| 記録 | 端座位になってもらって、ベッドから車いすへの移乗介助をおこなった。 |
| スー利 | 車いすに移りますから、ベッドのはしに座ってください。 |

移乗
いじょう
（のり）うつる

| スースー | 小林さん、車いすへの移乗には、介助が必要です。 |
| スー利 | 車いすに乗り移るときは、支えていますから大丈夫ですよ。 |

関　**移動**
いどう
べつのばしょにいく

2. 家に帰りたい

 書くときのことば

ナースコールでへやに行くと、「家に帰りたい」と言われた。

しばらく 傾聴（よくきく）したあと、気分転換（きぶんをかえる）に 玄関 まで一緒に歩

く。「あしたお花見に行きましょうね」と言うと、「あしたね、

あしたね」と言いながらへやにもどられた。

けいちょう
傾聴
よくきく

記録 戦争で家が焼けてしまったこと、食べ物がなくて苦労したことなど田中さんの若いころの話を傾聴した。

利→ス わたしの若いころの話をいつもよく聞いてくれて、ありがとう。

きぶんてんかん
気分転換
きぶんをかえる

ス→ス 天気がいいので、気分転換のため散歩をすすめました。

利→ス いつも青いセーターを着てるけど、きょうは気分を変えてピンクのブラウスにしてみようかな。

関 気分　　転換

げんかん
玄関
→p20

ス→利 お迎えのバスが来ますから、玄関で待っていてくださいね。

ユニット4の漢字のことば

にっちゅう
日中
ひるま

ほうしつ
訪室
へやにいく

きょしつ
居室
へや

じむしつ
事務室

いむしつ
医務室

しつない
室内

たんざい
端座位
はしにすわる

いじょう
移乗
（のり）うつる

いどう
移動
べつのばしょにいく

けいちょう
傾聴
よくきく

きぶんてんかん
気分転換
きぶんをかえる

きぶん
気分

てんかん
転換

げんかん
玄関

施設の中の場所

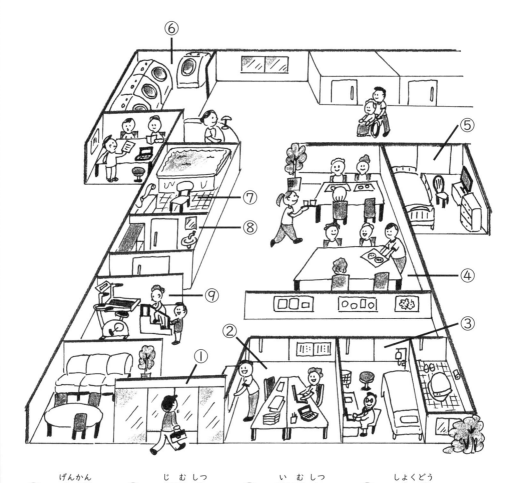

① 玄関　　② 事務室　　③ 医務室　　④ 食堂

⑤ 居室　　⑥ 洗濯室　　⑦ 浴室　　⑧ 脱衣所

⑨ 機能訓練室

練習問題
<ruby>練習問題<rt>れんしゅうもんだい</rt></ruby>

問題1
<ruby>問題<rt>もんだい</rt></ruby>1

（1）<ruby>漢字<rt>かんじ</rt></ruby>と<ruby>読<rt>よ</rt></ruby>み<ruby>方<rt>かた</rt></ruby>を<ruby>線<rt>せん</rt></ruby>で<ruby>結<rt>むす</rt></ruby>びましょう。

       a.**移**   b.**室**   c.**傾**
       ・   ・   ・

       ・   ・   ・
     けい   しつ   い

（2）（1）のa〜cの<ruby>漢字<rt>かんじ</rt></ruby>を（　　　　）に<ruby>入<rt>い</rt></ruby>れて、<ruby>文<rt>ぶん</rt></ruby>に<ruby>合<rt>あ</rt></ruby>うことばを<ruby>作<rt>つく</rt></ruby>りましょう。
【　　　　】に<ruby>読<rt>よ</rt></ruby>み<ruby>方<rt>かた</rt></ruby>を<ruby>書<rt>か</rt></ruby>きましょう。

①　103<ruby>号室<rt>ごうしつ</rt></ruby>を訪（　　　　　）【　　　　　】する。

②　ベッドから<ruby>車<rt>くるま</rt></ruby>いすに（　　　　　）乗【　　　　　】する。

③　へやからリビングに（　　　　　）動【　　　　　】する。

④　<ruby>昔<rt>むかし</rt></ruby>の<ruby>話<rt>はなし</rt></ruby>を（　　　　　）聴【　　　　　】する。

問題2　ことばに<ruby>合<rt>あ</rt></ruby>う<ruby>絵<rt>え</rt></ruby>を<ruby>選<rt>えら</rt></ruby>んで（　　　　　）に<ruby>記号<rt>きごう</rt></ruby>を<ruby>入<rt>い</rt></ruby>れましょう。<ruby>漢字<rt>かんじ</rt></ruby>の<ruby>下<rt>した</rt></ruby>に<ruby>読<rt>よ</rt></ruby>み<ruby>方<rt>かた</rt></ruby>を<ruby>書<rt>か</rt></ruby>きましょう。
<ruby>問題<rt>もんだい</rt></ruby>2

端	座	位

（　　　　）

a.   b.   c.

問題3　①～⑤のことばの場所を探して（　　　　）に記号を入れましょう。【　　　　】
に読み方を書きましょう。

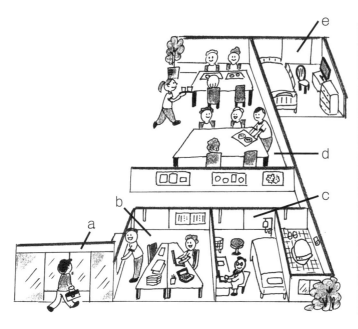

| ① 食堂 | （　　　） |
| 【　　　】 |
| ② 玄関 | （　　　） |
| 【　　　】 |
| ③ 居室 | （　　　） |
| 【　　　】 |
| ④ 事務室 | （　　　） |
| 【　　　】 |
| ⑤ 医務室 | （　　　） |
| 【　　　】 |

問題4　（　　　　）に合うことばをa～hから選んで入れましょう。

① Aさん、午前10時通院のためにタクシーを呼びます。ベッドから車いすへ
（　　　　）し、（　　　　）まで（　　　　）介助をお願いします。

② Bさんは日中、自分の（　　　　）にいるよりも、食堂でテレビを見て過ご
されることが多いです。

③ Cさんから4時にナースコールがあり、（　　　　）すると、ベッドに（　　　　）
で待っていました。

④ Dさんの気分が落ち着かないときは（　　　　）になるように、Dさんの身近
な話題を出すようにしています。きょうはお孫さんのことをお聞きすると、た
くさん話してくださいました。お話を（　　　　）すると、気分が落ち着か
れます。特に夕方はなるべく関わりを多くしてください。

> a. 端座位　　b. 居室　　c. 訪室　　d. 傾聴　　e. 移乗
>
> f. 気分転換　　g. 移動　　h. 玄関

22

ユニット 5 排泄（はいせつ）

ウォーミングアップ

ポール：トイレはどうでしたか。お通（つう）じはありましたか。

鈴木（すずき）：それが、きょうもまだ出（で）ないんだよ。

ポール：そうですか。じゃあ午後（ごご）お通（つう）じがあるといいですね。

・・・・・・

鈴木（すずき）：失敗（しっぱい）しちゃった。

マリ：大丈夫（だいじょうぶ）ですよ。すっきりしてよかったです。

きれいにしますから、ちょっと腰（こし）をもちあげてください。

鈴木（すずき）：急（きゅう）におなかが痛（いた）くなって、トイレに間（ま）に合（あ）わなかった。

マリ：そうだったんですか。まだおなかは痛（いた）いですか。

鈴木（すずき）：ううん、もう大丈夫（だいじょうぶ）。

間（ま）に合（あ）わなくって……。

1. 便秘

便秘 3日目。 下剤 服用 した。午後になっても
べんがでない べんがでるくすり くすりをのむ

排便 がなかったため、看護師の方で 摘便 をおこなった。
べんがでる／ べんをかきだす
おつうじがある

排泄
はいせつ

記録 自力でトイレ移動ができないため、排泄は介助が必要。

excretion　排泄　bài tiết　BAK dan BAB; Ekskresi

失敗
しっぱい

利→ス ズボンをおろすのが間に合わなくて、失敗してしまった。

accident　失禁　không kiềm chế được, không kìm lại được (tiểu tiện, đi nặng v.v.v...)
ngompol; inkontinensia

便秘
べんがでない

記録 鈴木さん、3日間便秘が続いているため、腹部のマッサージを試みる。

ス→利 鈴木さん、3日も便が出ないのでは、辛いですね。

下剤
べんがでるくすり

看→ス 鈴木さんには今晩、下剤を飲んでもらって、ようすを見ましょう。

ス→利 鈴木さん、きょうも出ないようなら、便が出る薬を飲みましょう。

+α 緩下剤
かんげざい

服用
くすりをのむ

記録 朝、下剤を服用し、午後、排便あり。

ス→利 さっき薬を飲みましたから、もうすぐきいてきますよ。

排便
べんがでる／
おつうじがある

記録 排便のとき、痛みを訴えたため、看護師にみてもらったが、特に異常なしとのこと。

ス→利 薬がきいて、便が出て／お通じがあってよかったです。

摘便
べんをかきだす

記録 便秘が続き、苦痛を訴えたため、看護師が摘便をおこなった。

ス→利 看護師さんに便をかきだしてもらって、すっきりしましたね。

関 浣腸
かんちょう

enema　灌腸　đặt thuốc qua đường hậu môn
enema; memasukkan obat pencahar melalui anus

便　読み方：ベン　意味：stool　糞便　phân　feses; tahi

大便　小便　便意　便器　便座
だいべん しょうべん べんい べんき べんざ

2．排尿
<ruby>排尿<rt>はいにょう</rt></ruby>

話すときのことば

22:00　ようすを<ruby>見<rt>み</rt></ruby>に<ruby>行<rt>い</rt></ruby>くと、ベッドで<ruby>起<rt>お</rt></ruby>き<ruby>上<rt>あ</rt></ruby>がってテレビを<ruby>見<rt>み</rt></ruby>ていました。　<ruby>尿<rt>にょう</rt></ruby>（おしっこ／おしょうすい）　が<ruby>漏<rt>も</rt></ruby>れていました。<ruby>下半身<rt>かはんしん</rt></ruby>（こしからした）の　<ruby>更衣<rt>こうい</rt></ruby>（きがえ）　をして、シーツも　<ruby>交換<rt>こうかん</rt></ruby>（とりかえる）　しましたが、<ruby>本人<rt>ほんにん</rt></ruby>は　<ruby>自覚<rt>じかく</rt></ruby>（じぶんでわかる）　がないようすです。

<ruby>排尿<rt>はいにょう</rt></ruby>
おしっこをする

記録　<ruby>排尿<rt>はいにょう</rt></ruby>の<ruby>際<rt>さい</rt></ruby>、<ruby>痛<rt>いた</rt></ruby>みがあるとのこと。<ruby>明日<rt>あす</rt></ruby><ruby>病院<rt>びょういん</rt></ruby>に<ruby>行<rt>い</rt></ruby>くことにした。
利→ス　おしっこをするとき、<ruby>痛<rt>いた</rt></ruby>みがあるの。

<ruby>尿<rt>にょう</rt></ruby>
おしっこ／
おしょうすい

記録　<ruby>腎臓<rt>じんぞう</rt></ruby>の<ruby>機能<rt>きのう</rt></ruby>を<ruby>調<rt>しら</rt></ruby>べるために、<ruby>尿<rt>にょう</rt></ruby>をとった。
ス→利　おしっこ／<ruby>お小水<rt>おしょうすい</rt></ruby>が<ruby>出<rt>で</rt></ruby>そうになったら、トイレに<ruby>行<rt>い</rt></ruby>きましょうね。
同　<ruby>小便<rt>しょうべん</rt></ruby>

尿　<ruby>読<rt>よ</rt></ruby>み<ruby>方<rt>かた</rt></ruby>：ニョウ
　　<ruby>意味<rt>いみ</rt></ruby>：おしっこ　<ruby>小便<rt>しょうべん</rt></ruby>　<ruby>お小水<rt>おしょうすい</rt></ruby>

<ruby>尿量<rt>にょうりょう</rt></ruby>　　<ruby>尿測<rt>にょうそく</rt></ruby>　　<ruby>頻尿<rt>ひんにょう</rt></ruby>　　<ruby>尿意<rt>にょうい</rt></ruby>

<ruby>下半身<rt>かはんしん</rt></ruby>
こしからした
→p55

ス→ス　<ruby>小林<rt>こばやし</rt></ruby>さんは、<ruby>脳梗塞<rt>のうこうそく</rt></ruby>をしたあとで、<ruby>下半身<rt>かはんしん</rt></ruby>が<ruby>不自由<rt>ふじゆう</rt></ruby>になりました。
ス→利　ちょっと<ruby>汚<rt>よご</rt></ruby>れましたね。<ruby>腰<rt>こし</rt></ruby>から<ruby>下<rt>した</rt></ruby>をよく<ruby>拭<rt>ふ</rt></ruby>いておきますね。
反　<ruby>上半身<rt>じょうはんしん</rt></ruby>
　　こしからうえ→p95

<ruby>更衣<rt>こうい</rt></ruby>
きがえ

ス→ス　<ruby>佐藤<rt>さとう</rt></ruby>さん、<ruby>麻痺<rt>まひ</rt></ruby>で<ruby>腕<rt>うで</rt></ruby>が<ruby>上<rt>あ</rt></ruby>がらないので、<ruby>更衣<rt>こうい</rt></ruby>には<ruby>介助<rt>かいじょ</rt></ruby>が<ruby>必要<rt>ひつよう</rt></ruby>です。
ス→利　<ruby>暑<rt>あつ</rt></ruby>くて<ruby>汗<rt>あせ</rt></ruby>をかきましたね。<ruby>着<rt>き</rt></ruby>がえをしましょう。

こうかん **交換** とりかえる	ス→ス	きのう、田中さんが居室にいないときに、シーツの交換をしました。
	+α	パット交換　　体位交換
	ス→利	ズボンを取りかえますので、ちょっとご協力お願いしますね。
じかく **自覚** じぶんでわかる	ス→ス	山田さん自身は、忘れたという自覚がないようです。
	ス→家	お母さんは、ご自分が忘れたことがわからないようで……。

3. 排便

1:00に　便失禁、　　軟便　　多量　あり。　陰部　洗浄。　便秘
　　べんがもれる　　やわらかいべん　たくさん　　　　　　あらう

解消。
なくなる

べんしっきん **便失禁** べんがもれる	記録	鈴木さん、下剤服用のあと、トイレに間に合わず便失禁。
	利→ス	あのね、トイレに間に合わなくて、もれちゃったの。
	関	にょうしっきん **尿失禁** にょうがもれる
	同	しっぱい **失敗**
なんべん **軟便** やわらかいべん	記録	下剤服用後しばらくして、軟便が少量出た。
	ス→利	便が出る薬を飲みましたから、やわらかい便が少し出ましたね。
	関	げり **下痢**　diarrhea　腹泻　tiêu chảy　diare
たりょう **多量** たくさん	記録	加藤さん、昨夜多量の出血があり、救急車で病院に運ばれた。
	ス→利	暑いときは、水分をたくさん取ってくださいね。
	反	しょうりょう **少量** すこし
いんぶ **陰部** →p54	記録	パット交換して、陰部を洗浄。

| せんじょう
洗浄
あらう | 記録 | 外出から戻ったときは、玄関の洗面所で手指の洗浄をおこなうこと。 |
| | ス→利 | 食事のまえに、よく手や指を洗ってくださいね。 |

| かいしょう
解消
なくなる | ス→ス | 楽しく運動してストレスを解消してもらいましょう。 |
| | ス→利 | 湿布で痛みがなくなったようで、よかったですね。 |

ユニット5の漢字のことば

はいせつ 排泄	しっぱい 失敗	べんぴ 便秘 べんがでない	げざい 下剤 べんがでるくすり	ふくよう 服用 くすりをのむ	はいべん 排便 べんがでる／ おつうじがある	てきべん 摘便 べんをかきだす
かんちょう 浣腸	だいべん 大便	しょうべん 小便	べんい 便意	べんき 便器	べんざ 便座	はいにょう 排尿 おしっこをする
にょう 尿 おしっこ／ おしょうすい	にょうりょう 尿量	にょうそく 尿測	ひんにょう 頻尿	にょうい 尿意	かはんしん 下半身 こしからした	
こうい 更衣 きがえ	こうかん 交換 とりかえる	じかく 自覚 じぶんでわかる	べんしっきん 便失禁 べんがもれる	にょうしっきん 尿失禁 にょうがもれる	なんべん 軟便 やわらかいべん	
げり 下痢	たりょう 多量 たくさん	しょうりょう 少量 すこし	いんぶ 陰部	せんじょう 洗浄 あらう	かいしょう 解消 なくなる	

練習問題

問題1

（1）　漢字の下に読み方を書きましょう。

a.

便	秘

b.

尿	失	禁

c.

排	便

d.

洗	浄

（2）　利用者さんやスタッフの言ったことと同じ意味のことばを（1）のa〜dから選び
ましょう。

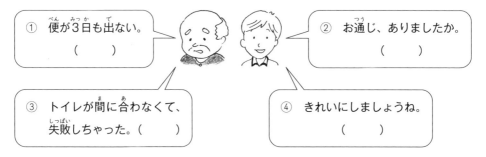

① 便が3日も出ない。
（　　　）

② お通じ、ありましたか。
（　　　）

③ トイレが間に合わなくて、失敗しちゃった。（　　　）

④ きれいにしましょうね。
（　　　）

問題2　【　　　　　】に読み方を書きましょう。意味をa〜cから選びましょう。

① 便秘解消【　　　　　　　　　】
　　a．便秘になった　　b．便が出ない　　c．便秘がなおった

② シーツ交換【　　　　　　　　　】
　　a．シーツを洗う　　b．シーツを取りかえる　　c．シーツを敷く

③ 更衣【　　　　　　　　　】
　　a．服を洗う　　b．服を着がえる　　c．服を脱ぐ

④ 自覚なし【　　　　　　　　　】
　　a．言わない　　b．気がついていない　　c．おぼえない

問題3 （　　　　）に合うことばをa～dから選んで入れましょう。

① Aさんは、3日間（　　　　）がないと、とても気にされますが、（　　　　）を服用すると、いつも（　　　　）になります。まずは朝の散歩をすすめてみます。

② Bさん、ショートステイ1週間の予定です。家ではリハビリパンツを使っているとのこと、尿意もしっかりあるので、トイレでの（　　　　）介助をおこないます。

> a．排便　　b．下剤　　c．排泄　　d．軟便

問題4 （　　　　）に合うことばをa～gから選んで入れましょう。

Cさん、8：00am（　　　　）の苦痛を訴え、看護師の指示で（　　　　）服用。2：00pm（　　　　）、（　　　　）多量にあり。（　　　　）が汚れてしまったので、（　　　　）をおこなう。（　　　　）後、安心した表情になられた。

> a．軟便　　b．便失禁　　c．陰部洗浄　　d．更衣
>
> e．下剤　　f．下半身　　g．便秘

ユニット **6** 病院・検査

ウォーミングアップ

山田　：先週の血液検査の結果どうだった？

ポール：山田さん、血糖値も正常だったようでよかったです。心臓のほうも悪く

　　　　ないそうですよ。

山田　：じゃあ、まだ大丈夫だね。

ポール：内臓は問題ないようですね。安心しましたね。

1．検査結果その1

話す
ときの
ことば

病院で 受診 し、採血 して 検査 した 結果、 肝機能

の 数値 が高くなっていると、看護師 から報告がありました。

医師 から 服薬 の 変更 の 指示 がありました。

けつえき
血液
ち

ス→ス 血液を調べたらコレステロールが少し高いことがわかりました。

ス→利 シーツに少し血がついていますね。鼻血が出たようですね。

血　読み方：ケツ
　　意味：ち

けつたん　　けっかん　　しゅっけつ
血痰　　　血管　　　出血

けんさ
検査
しらべる

ス→ス 田中さん、明日病院で目の検査を受ける予定です。

+α にょうけんさ　　しりょくけんさ　　けんさけっか
尿検査　　視力検査　　検査結果

ス→利 胃カメラで胃を調べるので、朝ごはんは食べないでくださいね。

けっか
結果
わかったこと

記録 PCR検査の結果は明日届く。

利→ス 検査でわかったことを知らせてね。

けっとうち
血糖値

利→ス 血糖値が高いので、甘いものは食べないようにしているの。

blood glucose level　血糖值　chỉ số đường huyết　tingkat glukosa dalam darah

---

しんぞう
心臓
→p34

利→ス 長く歩いたり、階段を上ったりすると、心臓がどきどきするの。

ないぞう
内臓
→p34

利→ス 足や腰は痛いところが多いが、内臓はどこも悪くないと言われた。

じゅしん
受診
みてもらう

記録 口の中が痛くて、病院を受診したら、口内炎と言われた。

ス→利 咳がひどいから、近くのクリニックでみてもらいましょう。

ユニット

6

31

さいけつ **採血** ちをとる	記録	インフルエンザの疑いがあり、採血して検査することにした。
	ス→利	きょうは病院で血を採りましたよね。痛くなかったですか。

	ス→ス	田所さん、肝機能に少し異常があるので、激しい運動はしないようにと先生が言っていました。
かんきのう **肝機能** かんぞうのきのう	ス→利	この間の検査の結果ですが、肝臓の機能があまりよくないそうです。
	関	かんぞう **肝臓** →p34
	+α	じんきのう **腎機能**　はいきのう **肺機能**　にんちきのう **認知機能** ざんぞんきのうくんれん **残存機能訓練**

すうち **数値** すうじ	記録	コレステロールの数値が下がったため、服薬は中止。
	ス→利	検査の数字が少し高かったので、食事をちょっと変えるようです。

いし **医師** おいしゃさん	記録	食欲がまったくないので、医師に相談する。
	ス→利	熱が38度もありますね。お医者さんにみてもらいましょう。

ふくやく **服薬** くすりをのむ	ス→ス	服薬の介助のときは、薬を飲む時間と量を守ってください。
	ス→利	食事のあとで、この薬を飲んでください。
	同	ふくよう **服用**

へんこう **変更** かわる	ス→ス	山田さん、便秘が続くので、食事内容が変更になりました。
	ス→利	雨なので、お花見の予定は土曜日に変わりました。

しじ **指示** いう	ス→ス	薬の量を増やすように、医師から指示がありました。
	ス→利	先生に、きょうのおふろはなしと言われましたよ。

2．検査結果その2

検査でインフルエンザ 陽性 ようせい プラス（＋）と出ました。 個室 こしつ ひとりべや に移って

もらいます。

陽性 ようせい
プラス（＋）

反 **陰性** いんせい
マイナス（−）

記録 ウイルス検査で陽性と判明。すぐ個室に移すようにと指示あり。
ス→ス 血液検査の結果、プラスだったので、家族に知らせます。

個室 こしつ
ひとりべや

ス→ス 山田さん、咳がひどいので、個室に移動してもらいます。
ス→利 インフルエンザのようなので、午後からひとりべやに移って
もらいますね。

ユニット6の漢字のことば

血液 けつえき ち	血痰 けったん	血管 けっかん	出血 しゅっけつ	検査 けんさ しらべる	結果 けっか わかったこと	血糖値 けっとうち
心臓 しんぞう	内臓 ないぞう	受診 じゅしん みてもらう	採血 さいけつ ちをとる	肝機能 かんきのう かんぞうのきのう	肝臓 かんぞう	数値 すうち すうじ
医師 いし おいしゃさん	服薬 ふくやく くすりをのむ	服用 ふくよう	変更 へんこう かわる	指示 しじ いう	陽性 ようせい プラス（＋）	陰性 いんせい マイナス（−）
個室 こしつ ひとりべや						

体のことば1

（前）

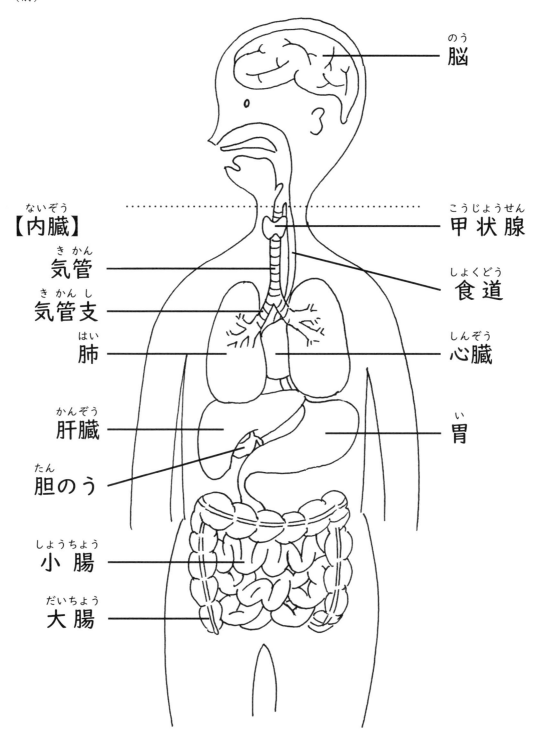

脳

【内臓】

甲状腺

気管

食道

気管支

肺

心臓

肝臓

胃

胆のう

小腸

大腸

（<ruby>後<rt>うし</rt></ruby>ろ）

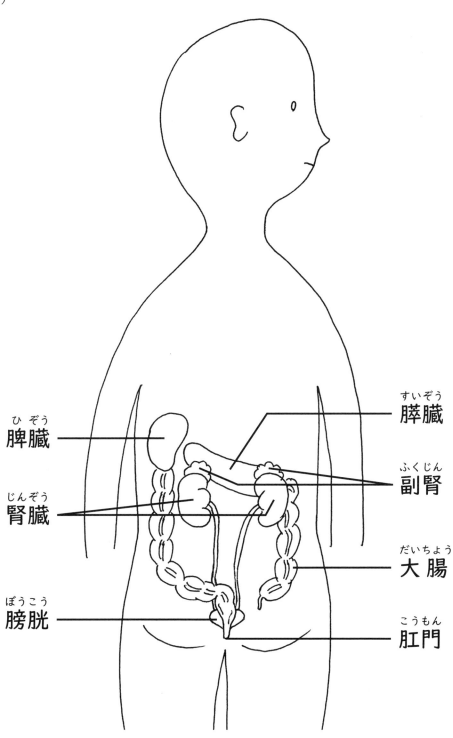

<ruby>脾臓<rt>ひ ぞう</rt></ruby>

<ruby>腎臓<rt>じんぞう</rt></ruby>

<ruby>膀胱<rt>ぼうこう</rt></ruby>

<ruby>膵臓<rt>すいぞう</rt></ruby>

<ruby>副腎<rt>ふくじん</rt></ruby>

<ruby>大腸<rt>だいちょう</rt></ruby>

<ruby>肛門<rt>こうもん</rt></ruby>

練習問題

問題1 {   } のa、bから文に合うものを選びましょう。選んだ漢字のことば
の読み方を【   】に書きましょう。

① 検査のため、{ a. 血液　b. 機能 } を採ります。

（　　）【　　　　　　　　　　】

② Aさんは、{ a. 浴室　b. 個室} を希望しています。

（　　）【　　　　　　　　　　】

③ Aさんは一日3回 { a. 指示　b. 服薬 } しています。

（　　）【　　　　　　　　　　】

④ あしたも熱があったら、{ a. 体操　b. 受診 } してください。

（　　）【　　　　　　　　　　】

⑤ 薬が合わないので、{ a. 更衣　b. 変更 } してもらいます。

（　　）【　　　　　　　　　　】

問題2

（1）　漢字の下に読み方を書きましょう。

a.		b.		c.		d.		
結	果	陽	性	陰	性	血	糖	値

（2）（　　　　）に合うことばを（1）のa～dから選んで入れましょう。

① PCR検査で（　　　　　）の場合は、すぐに保健所に知らせます。

② Aさんは（　　　　　）が高くなっているので、甘いものをあまり食べないよう
にしています。

③ Aさんの検査の（　　　　　）をご家族に報告しました。

④ 熱がありましたが、インフルエンザの検査で（　　　　　）とのこと、ご家族も
安心していました。

問題3 右の内臓を探して（　　　）に記号を書きましょう。【　　　】に読み方を書きましょう。

胃　　（　　）【　　　　　】

心臓　（　　）【　　　　　】

肝臓　（　　）【　　　　　】

肺　　（　　）【　　　　　】

問題4 （　　　　）に合うことばをa～gから選んで入れましょう。

① Aさんは朝、食欲がなかったので病院で（　　　　）し、（　　　　）して検査しましたが、どこも悪くありませんでした。

② Bさんはきのうからめまいがするので、病院で検査しました。血圧の（　　　　）が高くなっています。医師から（　　　　）の指示が出ています。

③ Cさんは昨夜から39度の熱があります。病院で（　　　　）した結果、インフルエンザ（　　　　）と出ました。（　　　　）に移ってもらいます。

a. 個室	b. 受診	c. 数値	d. 服薬
e. 採血	f. 陽性	g. 検査	

ユニット 7　嘔吐と吐き気

ウォーミングアップ

ポール：山田さん、どうしましたか。気持ち悪そうですね。

山田　：さっきからむかむかして吐きそう。

ポール：じゃあ、トイレへ行きましょう。

・・・・・・

ポール：どうですか。大丈夫ですか。

山田　：ぜんぶ吐いて出したらすっきりした。もう大丈夫。

ポール：何だったんでしょうね。看護師さんに言っておきますね。

1. 嘔吐

話すときのことば

夕食を食べ始めたとき、多量の嘔吐がありました。バイタル異常ありません。食事を中止して、へやにもどり安静にしています。

嘔吐
おうと
はく

記録 山田さん、昼食後、少量の嘔吐あり、午後の体操は休み。
ス→利 お昼ごはんのあと、少し吐かれたようですね。その後、ご気分はいかがですか。

吐
読み方：ト
意味：吐く

吐血
ちをはく

吐物
はいたもの

中止
ちゅうし
やめる

ス→ス 加藤さん、咳が出るので、午後の散歩は中止にします。
ス→利 おなかの調子がよくなったから、お薬はもうやめてもいいでしょう。

安静
あんせい
しずかにする

記録 朝食後、吐き気があるとのことで居室で安静にしてもらう。
ス→利 吐き気がおさまるまで、静かにしていましょうね。

2. 吐き気

話す
ときの
ことば

昼食のあと、吐き気が見られ、午後、**点滴** **実施**
（じっさいに）する
しました。様子観察を引き継いでおります。
ちゅういしてみる

てんてき **点滴**	ス→ス	鈴木さん、最近食欲がなく、食事の量が 減っているので、点滴をすることになりました。

じっし **実施** （じっさいに）する	記録	12月にはクリスマス会を実施する予定。
	ス→利	口の体操をしましょう。やってみると、きっと、 よく話せるようになりますよ。

ようす かんさつ **様子観察** ちゅういしてみる	ス→ス	山田さん、夕方になると微熱が出るので、様子観察を続けて ください。
	ス→利	背中のここが赤いですね。どうしたんでしょう。あしたもよ く注意して見ますね。
	関	ようす **様子**　　かんさつ **観察**

ユニット7の漢字のことば

おうと **嘔吐** はく	とけつ **吐血** ちをはく	とぶつ **吐物** はいたもの	ちゅうし **中止** やめる	あんせい **安静** しずかにする	てんてき **点滴**	じっし **実施** （じっさいに）する

ようす かんさつ **様子観察** ちゅういしてみる	ようす **様子**	かんさつ **観察**

練習問題

問題1 「吐」「観」「滴」の漢字と意味を線で結びましょう。

① 吐 ・　　　　　　　　・ a．少しずつ落ちる水など。

② 観 ・　　　　　　　　・ b．食べたものや、血をはく。

③ 滴 ・　　　　　　　　・ c．よくみる。

問題2 ＿＿の漢字の読み方を【　　　　】に書きましょう。

① Ａさんは夕食後、嘔吐しました。【　　　　　　　　】

② 尿がよく出ているので、点滴を減らしました。【　　　　　　　　】

③ 服薬のあとは様子観察をお願いします。【　　　　　　　　】

問題3 【　　　　　】に読み方を書きましょう。意味をa～cから選んで（　　　　）に入れましょう。

① 中止【　　　　　　　】（　　　　）

② 安静【　　　　　　　】（　　　　）

③ 実施【　　　　　　　】（　　　　）

a．する　　b．静かに休む　　c．やめる

問題4 次のお知らせを見て、①、②の質問の答えをa、bから選びましょう。

お花見 中止のお知らせ

明日4月3日（金）の
お花見は天気が悪いので
中止します。

また、来年をお楽しみに！

避難訓練実施のお知らせ

地震などのとき、にげるための
避難訓練を実施します。

4月15日（水）午前9時～

---

① お花見は4月3日にありますか。　　　{ a. あります　b. ありません }。
② 避難訓練はありますか。　　　　　　{ a. あります　b. ありません }。

問題5 （　　　　　）に合うことばをa～eから選んで入れましょう。

① Aさんは昼食後、気持ちが悪くなり（　　　　　）しました。午後は落ち着いていらっしゃいますが、（　　　　　）を観察しています。

② Bさんは朝から吐き気があり、午後に多量に吐いたので、病院で受診しました。（　　　　　）をすることになりました。今は、居室で（　　　　　）にしています。

a. 点滴　　b. 嘔吐　　c. 安静　　d. 様子

ユニット 8　発熱
<ruby>発熱<rt>はつねつ</rt></ruby>

ウォーミングアップ

ポール：どうしましたか。<ruby>顔色<rt>かおいろ</rt></ruby>が<ruby>悪<rt>わる</rt></ruby>いですね。

<ruby>鈴木<rt>すずき</rt></ruby>　：ちょっと<ruby>寒気<rt>さむけ</rt></ruby>がするんだけど。

ポール：それはいけませんね。まず<ruby>熱<rt>ねつ</rt></ruby>を<ruby>測<rt>はか</rt></ruby>ってみましょうか。

　　　　あ、38<ruby>度<rt>ど</rt></ruby>もある。<ruby>看護師<rt>かんごし</rt></ruby>さんを<ruby>呼<rt>よ</rt></ruby>びますね。

<ruby>看護師<rt>かんごし</rt></ruby>：<ruby>鈴木<rt>すずき</rt></ruby>さん、しばらくベッドで<ruby>休<rt>やす</rt></ruby>みましょう。<ruby>温<rt>あたた</rt></ruby>かいお<ruby>茶<rt>ちゃ</rt></ruby>を<ruby>飲<rt>の</rt></ruby>みますか。

<ruby>鈴木<rt>すずき</rt></ruby>　：ううん、いらない。

<ruby>看護師<rt>かんごし</rt></ruby>：そうですか。ゆっくり<ruby>休<rt>やす</rt></ruby>んだら、たぶん<ruby>熱<rt>ねつ</rt></ruby>は<ruby>下<rt>さ</rt></ruby>がると<ruby>思<rt>おも</rt></ruby>いますよ。

　　　　もし、<ruby>気分<rt>きぶん</rt></ruby>が<ruby>悪<rt>わる</rt></ruby>くなったら、このナースコールで<ruby>呼<rt>よ</rt></ruby>んでくださいね。

1. 検温

きのうの昼ごろ 悪寒 がするというので、 検温 したところ

37.8℃の 発熱 。看護師に報告。クーリングしながら

経過 を見る。けさ 36.9℃に 解熱 。

発熱
ねつがある

[ス→ス] 鈴木さん、咳と38度の発熱がみられ、看護師に報告しました。
[ス→利] 鈴木さん、熱があるようですから、きょうのおふろはやめましょうか。

検温
ねつをはかる

[ス→ス] 鈴木さん、けさ起床してすぐ検温したときは、35度6分でしたが、午後になって熱が少し上がったようです。
[ス→利] 頭が痛いなら、まず熱を測ってみましょうね。

悪寒
さむけ

[ス→ス] 鈴木さん、けさから悪寒がすると言って毛布をかぶっています。
[利→ス] 起きたときからちょっと寒気がするんだけど、風邪をひいたかな。

経過
あとのようす

[記録] 木村さん、薬をやめてからの経過はよいとのこと。
[ス→利] きずの手当てをしましたが、このあとのようすもしばらく見せてくださいね。

解熱
ねつがさがる

[ス→ス] 鈴木さん、解熱用の薬を飲んでもらいます。
[ス→利] 2日間休んでいて、熱が下がってよかったですね。

2. 微熱（びねつ）

話（はな）すときのことば

微熱（びねつ）（すこしねつがある）が続（つづ）いていますが、状態（じょうたい）（ようす）変（か）わらず、活気（かっき）（げんき）もあります。夕食前（ゆうしょくまえ）に水分補給（すいぶんほきゅう）（すいぶんをとる）をお願（ねが）いします。

微熱（びねつ）
すこしねつがある

- ［ス→ス］ 鈴木（すずき）さん、最近微熱（さいきんびねつ）が続（つづ）いて元気（げんき）がありません。
- ［ス→利］ 朝（あさ）、少（すこ）し熱（ねつ）がありましたが、今（いま）はもう熱（ねつ）は下（さ）がっていますね。
- 関 **高熱（こうねつ）**（ねつがたかい）　**平熱（へいねつ）**（いつものたいおん）

状態（じょうたい）
ようす

- ［ス→ス］ 吐（は）き気（け）があるとのことでしたので、食事（しょくじ）のときの状態（じょうたい）をよく観察（かんさつ）しておいてください。
- ［ス→家］ 夕（ゆう）ごはんのあとのようすはいつもと変（か）わりませんでした。

活気（かっき）
げんき

- ［記録］ 鈴木（すずき）さん、最近活気（さいきんかっき）が見（み）られず、看護師（かんごし）に報告（ほうこく）。
- ［ス→利］ 鈴木（すずき）さん、最近（さいきん）あまり元気（げんき）がありませんね。どうしましたか。

活
読（よ）み方（かた）：カツ　カッ
意味（いみ）：vigor　活　hoạt　hidup; kehidupan

カツ：**活力（かつりょく）**　**活動（かつどう）**　**生活（せいかつ）**

カッ：**活発（かっぱつ）**

水分補給（すいぶんほきゅう）
すいぶんをとる

- ［ス→ス］ 熱（ねつ）が出（で）ているときは、水分補給（すいぶんほきゅう）を忘（わす）れずにお願（ねが）いします。
- ［ス→利］ 暑（あつ）いときは、いつも水分（すいぶん）を十分取（じゅうぶんと）りましょうね。
- 関 **水分（すいぶん）**　**補給（ほきゅう）**

補
読（よ）み方（かた）：ホ
意味（いみ）：たすける　support　帮助　giúp đỡ　melengkapi

おぎなう　compensate　补、补充　bổ sung
mengisi kekurangan

補足（ほそく）　**補助具（ほじょぐ）**　**補聴器（ほちょうき）**

ユニット
8

45

ユニット8の漢字のことば

発熱
はつねつ
ねつがある

検温
けんおん
ねつをはかる

悪寒
おかん
さむけ

経過
けいか
あとのようす

解熱
げねつ
ねつがさがる

微熱
びねつ
すこしねつがある

高熱
こうねつ
ねつがたかい

平熱
へいねつ
いつものたいおん

状態
じょうたい
ようす

活気
かっき
げんき

活力
かつりょく

活動
かつどう

生活
せいかつ

活発
かっぱつ

水分補給
すいぶんほきゅう
すいぶんをとる

水分
すいぶん

補給
ほきゅう

補足
ほそく

補助具
ほじょぐ

補聴器
ほちょうき

練習問題
<ruby>練<rt>れん</rt></ruby><ruby>習<rt>しゅう</rt></ruby><ruby>問題<rt>もんだい</rt></ruby>

問題1
もんだい1

（1）□に合う漢字を①〜③から選びましょう。その下に読み方も書きましょう。

① **活**　　② **態**　　③ **補**

a.

	助

b.

	気

c.

状	

（2）（　　　　）に合うことばを（1）のa〜cから選んで入れましょう。

① Ａさんは昼食後、微熱と吐き気があり、（　　　　）がありません。

② 昨夜から微熱がありますが、（　　　　）はあまり変わっていません。

③ Ａさんは足が悪いため、（　　　　）具として、杖を使っています。

問題2　①〜⑤と同じ意味のことばをa〜eから選んで（　　　　）に入れましょう。読み方を【　　　　】に書きましょう。

① しばらくようすを見る。　……（　　　　）【　　　　　　　　】

② たいおんを測る。　　　　……（　　　　）【　　　　　　　　】

③ さむく感じる。　　　　　……（　　　　）【　　　　　　　　】

④ ねつが出る。　　　　　　……（　　　　）【　　　　　　　　】

⑤ ねつが下がる。　　　　　……（　　　　）【　　　　　　　　】

a.解熱　b.悪寒　c.経過観察　d.発熱　e.検温

問題3 【　　　　　】に読み方を書きましょう。下の文の（　　　　　）に合うことばを
　　　　a～fから選んで入れましょう。

a. 補聴器【　　　　　　　】　　　b. 水分補給【　　　　　　　　　】

c. 高熱　　【　　　　　　　】　　　d. 平熱　　【　　　　　　　　　】

e. 生活　　【　　　　　　　】　　　f. 微熱　　【　　　　　　　　　】

① Aさんの（　　　　　）は、36度5分です。

② Aさんはけさから37度の（　　　　　）が続いています。

③ Aさんは今、39度の（　　　　　）が出ています。

④ Aさんは（　　　　　）の調子が悪いのかもしれません。あまりよく聞こえて
いないようです。

⑤ 食事や運動など（　　　　　）習慣に気をつけましょう。

⑥ おふろのあとは、（　　　　　）を忘れないでください。

問題4 （　　　　　）に合うことばをa～hから選んで入れましょう。

① Aさんは昼食後（　　　　　）がするというので、（　　　　　）したところ38
度5分の（　　　　　）がありました。（　　　　　）をしながらクーリングをし
たところ、（　　　　　）しました。

② Bさんは高い熱ではありませんが（　　　　　）が続いていますので、（　　　　）
を見てください。

③ Cさんは大きな声で話しても聞こえなくなりました。医師と相談して（　　　　　）
をつけることになりました。

| a. 発熱　　b. 微熱　　c. 経過　　d. 水分補給 |
| e. 検温　　f. 補聴器　　g. 悪寒　　h. 解熱 |

ユニット 9　けが

ウォーミングアップ

マリ：田中さん。どうしたんですか。歩くのが大変そう。

田中：いや、骨折して手術したんだけど、あとがよくなくてね。自分のことがひ

　　　とりでできなくなってしまって。

マリ：それは大変でしたね。でも、きっとよくなりますよ。リハビリ、がんばりましょ

　　　うね。

1. 出血

書くときのことば

右下肢の踵部から足底にかけて少量の出血あり。

看護師がガーゼと包帯で保護した。

こっせつ 骨折
ほねがおれる

記録 中村さん、手首の骨折で入院。1か月ぐらいで治るとのこと。

+α 大腿骨頸部骨折

ス→利・家 レントゲン検査の結果、足の小指の骨が折れていることがわかりました。

しゅじゅつ 手術

利→ス 胃がんが見つかってすぐ手術したので、早く治ったよ。

Surgery　手术　phẫu thuật　operasi

しゅっけつ 出血
ちがでる

記録 額をベッドの柵にぶつけて、多量の出血があった。

ス→利 歯をみがくとき少し血が出ましたね。

+α 皮下出血　　内出血

か し 下肢
あし
→p55

記録 下肢にむくみがあり、ベッドを挙上。

ス→利 足がむくんでいますね。ベッドを上げましょうか。

しょうぶ 踵部
かかと
→p55

記録 田中さん、入浴のとき、踵部にすりきずあり。

利→ス この靴をはくとかかとが痛いから、あの古い靴にして。

そくてい 足底
あしのうら
→p55

ス→ス 足底をしっかり床につけてから立ち上がってもらいます。

ス→利 足のうらでボールを踏むと、気持ちがいいですよ。

ほうたい 包帯

利→ス けがをしたところに薬をぬって包帯をしてもらいました。

bandage　绷带　băng y tế　perban; kasa gulung

保護 ほ ご まもる	ス→ ス	ひげをそったあとは、皮膚を保護するためにクリームをぬってください。
	ス→利	太陽の光が強いです。目をまもるためにサングラスをかけますか。

2. 骨折
こっせつ

話す
はな
ときの
ことば

右 **大腿骨** 骨折のため、先月 入院して手術 を受けました。
みぎ だいたいこつ こっせつ　　せんげつにゅういん　　しゅじゅつ う

先週から **自宅** にもどりましたが、**介護** が **必要** になり、
せんしゅう　じたく
じぶんのうち　　　かいご　　ひつよう いる

要介護 2の **判定** が出ました。
ようかいご　　はんてい で
きまる

大腿骨 だいたいこつ →p53	ス→ス	佐藤さん、大腿骨を骨折して手術を受けました。 さとう　　だいたいこつ　こっせつ　　しゅじゅつ う
自宅 じたく じぶんのうち	ス→ス	田中さん、自宅へ帰る準備を終えて、玄関で待っています。 たなか　　じたく かえ じゅんび お げんかん ま
	利→ス	自分のうちへ帰れるのは、やっぱりうれしいね。 じぶん かえ
介護 かいご	ス→ス	85歳の高橋さん、骨折のあと、介護が必要になりました。 さい たかはし　　こっせつ　　かいご ひつよう
		long-term care　护理　điều dưỡng　merawat; merawat lansia
必要 ひつよう いる	ス→ス	中村さん、きょう病院へ行きますから、診察券と健康保険証が必要です。 なかむら　　びょういん い　　しんさつけん けんこうほけん しょう ひつよう
	家→ス	入院するとき、パジャマがいりますか。 にゅういん
要介護 ようかいご	ス→家	高橋さんは、立ち上がったり、歩いたりするのに支えが必要で、要介護1と判定されました。 たかはし　　た あ　　ある　　　ささ ひつよう ようかいご　　はんてい
		long-term care level　要护理　cần chăm sóc theo mức độ level keadaan butuh keperawatan

介護のレベル

要支援１　　要支援２

要介護１　　要介護２　　要介護３　　要介護４　　要介護５

判定
きまる

記録　平野さん、PCR検査の結果、陽性と判定された。

ス→利　加藤さん、前は要介護２でしたが、今度は３に決まりましたよ。

ユニット９の漢字のことば

骨折
ほねがおれる

手術

出血
ちがでる

下肢
あし

踵部
かかと

足底
あしのうら

包帯

保護
まもる

大腿骨

自宅
じぶんのうち

介護

必要
いる

要介護

要支援

判定
きまる

骨のことば

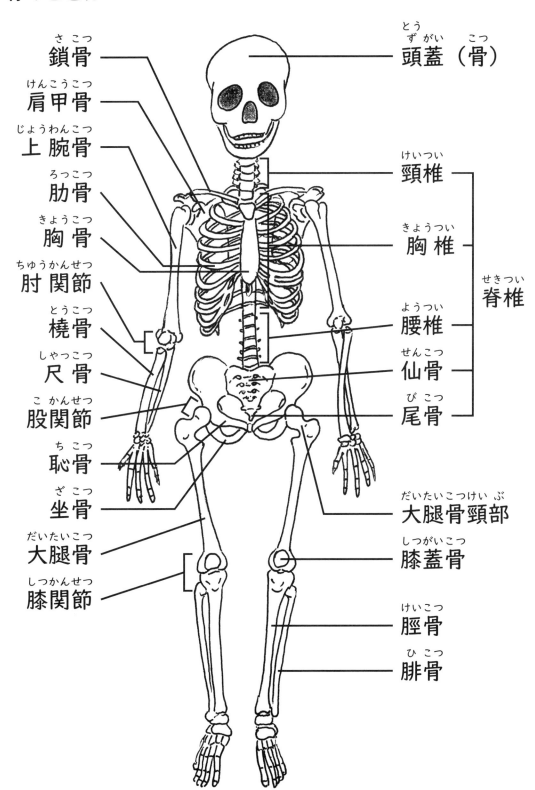

鎖骨（さこつ）

肩甲骨（けんこうこつ）

上腕骨（じょうわんこつ）

肋骨（ろっこつ）

胸骨（きょうこつ）

肘関節（ちゅうかんせつ）

橈骨（とうこつ）

尺骨（しゃっこつ）

股関節（こかんせつ）

恥骨（ちこつ）

坐骨（ざこつ）

大腿骨（だいたいこつ）

膝関節（しっかんせつ）

頭蓋（骨）（とう・ずがい・こつ）

頸椎（けいつい）

胸椎（きょうつい）

脊椎（せきつい）

腰椎（ようつい）

仙骨（せんこつ）

尾骨（びこつ）

大腿骨頸部（だいたいこつけいぶ）

膝蓋骨（しつがいこつ）

脛骨（けいこつ）

腓骨（ひこつ）

体のことば2

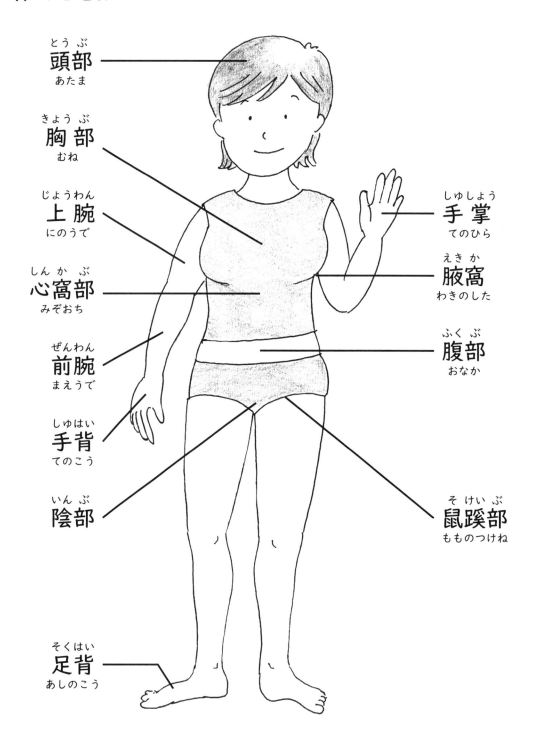

頭部
（とうぶ）
あたま

胸部
（きょうぶ）
むね

上腕
（じょうわん）
にのうで

心窩部
（しんかぶ）
みぞおち

前腕
（ぜんわん）
まえうで

手背
（しゅはい）
てのこう

陰部
（いんぶ）

足背
（そくはい）
あしのこう

手掌
（しゅしょう）
てのひら

腋窩
（えきか）
わきのした

腹部
（ふくぶ）
おなか

鼠蹊部
（そけいぶ）
もものつけね

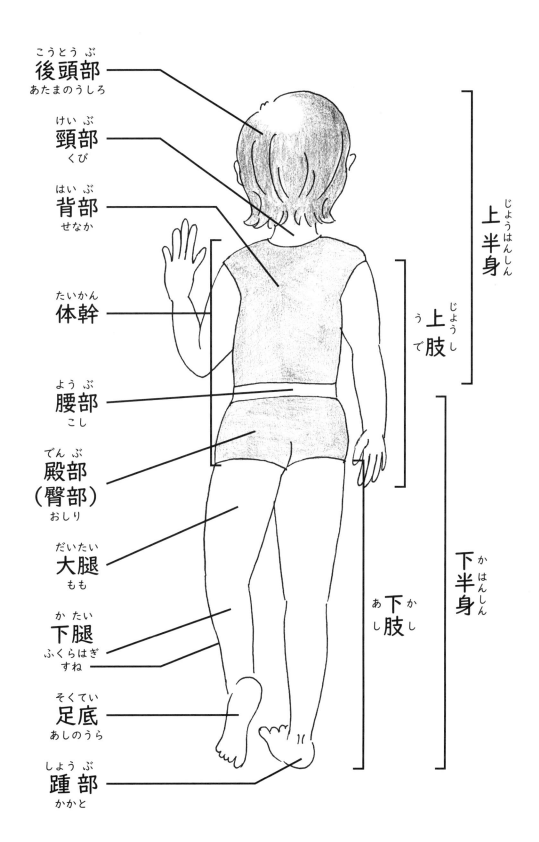

後頭部
こうとうぶ
あたまのうしろ

頸部
けいぶ
くび

背部
はいぶ
せなか

体幹
たいかん

腰部
ようぶ
こし

殿部
でんぶ
（臀部）
おしり

大腿
だいたい
もも

下腿
かたい
ふくらはぎ
すね

足底
そくてい
あしのうら

踵部
しょうぶ
かかと

上半身
じょうはんしん

上肢
じょうし
うで

下肢
かし
あし
あし

下半身
かはんしん

ユニット9

55

練習問題

問題1　a～dのことばに合う絵を①～④から選んで、（　　　　　）に番号を入れましょう。
【　　　　　】に読み方を書きましょう。

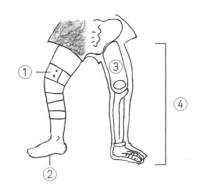

a．**下肢**　　　　b．**大腿骨**　　　c．**包帯**　　　　d．**足底**

（　　　　）　　（　　　　）　　（　　　　）　　（　　　　）

【　　　　】【　　　　　】【　　　　　】【　　　　　　】

問題2　漢字の下に読み方を書きましょう。意味をa～dから選んで（　　　　）に入れましょう。

骨	折

（　　　）

出	血

（　　　）

自	宅

（　　　）

踵	部

（　　　）

a．ちがでる。
b．じぶんのいえ。
c．ほねがおれる。
d．かかと

56

問題3 （　　　　）に合うことばをa～dから選んで入れましょう。【　　　　】に読み方を書きましょう。

① きずぐちの（　　　　）のため、包帯をしました。

② Aさんはあした、胃の（　　　　）をする予定です。

③ Aさんは手術後、しばらく安静が（　　　　）です。

④ 退院の（　　　　）はあした、医師がします。

a. **判定【　　　　　　】**　　b. **保護【　　　　　　】**

c. **必要【　　　　　　】**　　d. **手術【　　　　　　】**

問題4 （　　　　）に合うことばをa～dから選んで入れましょう。

① Aさんは自宅のトイレで転んで、足を（　　　　）しました。病院に3週間入院したあとで家に帰りましたが、介護が必要になりました。審査の結果、（　　　　）2の判定を受けました。

② Bさんはベッドからおりるとき、左の足をこすって（　　　　）しました。きずもあるので、包帯をして（　　　　）しました。

> a. **要介護**　　b. **保護**　　c. **出血**　　d. **骨折**

ユニット 10 歩行

ウォーミングアップ

林 (PT)：さあ、一緒に歩いてみましょうか。ゆっくりゆっくりでいいですよ。
→p106

田中　：やっぱり外を歩くのは気持ちがいいね。

林　　：外の空気は気持ちがいいですよね。あ、鳥の声が聞こえますね。

田中　：あ、聞こえるね。

林　　：あの木のところまで、歩けますか。あそこまで行ったら、ちょっと休

　　　　みましょう。

1. 歩行

→p106

話すときのことば

きのう退院した佐藤さんは **右片麻痺** があります。PTの
林さんは、「杖を使えば **歩行** が **可能** ですが、 **健側** の左
足の次に **患側** の右足を出そうとするとき、ふらつくこと
があります」と言っています。見守りが必要です。

歩行
あるく

ス→ス　佐藤さん、骨折して歩行が難しいようです。
ス→利　佐藤さん、いい天気ですよ。少し外を歩きましょうか。

右片麻痺

ス→ス　佐藤さんは、右片麻痺があるので、パジャマを着るときは右
　　　側から先に着てもらいます。

hemiplegia, paralysis on right side　右半身麻痺　liệt nửa người bên phải
lumpuh pada tubuh sebelah kanan

反　**左片麻痺**

可能
できる

ス→ス　山口さん、右腕に麻痺がありますが、左手で食事は可能です。
ス→利　田中さん、杖なしで歩くことができるようになってよかった
　　　ですね。

反　**不可能**

健側
いいほう

ス→ス　佐藤さんの歩行介助のときは、健側から先に足を出してもら
　　　います。
ス→利　歩く練習のときは、いい方の足から先に出してくださいね。

患側
わるいほう

ス→ス　歩行の介助のときは、患側に立ってください。
ス→利　階段をおりるときは、悪い方の足を先に出しましょう。

ユニット
10

2. 訓練

書く
ときの
ことば

機能 訓練 をおこなう。下肢の 筋力 はあるが、バランスが
不安定 なため、前傾 になりやすい。

訓練
くんれん
れんしゅう

[ス→ス] 毎日歩行の訓練をして、杖なしの歩行が可能になりました。

[利→ス] よく練習したから、ひとりで着がえられるようになったよ。

⊕α 機能訓練　歩行訓練　起居動作訓練
関節可動域訓練

筋力
きんりょく
きんにくのちから

[ス→ス] 山田さん、1週間入院しているうちに、筋力が落ちて歩く

とふらふらするそうです。

[ス→利] 毎日歩いて、足の筋肉の力をつけましょう。

不安定
ふあんてい
ふらつく

[ス→ス] 佐藤さん、脳梗塞のあと麻痺がのこって歩行が不安定です。

[利→ス] 歩くとき、体がふらつくから、そばで見ていてほしいの。

前傾
ぜんけい
まえかがみ

[ス→ス] 山口さんは、パーキンソン病で前傾になりやすいので見守り
が必要です。

[ス→利] 山口さん、前かがみで歩くと前がよく見えませんよ。歩行器
を使ってみましょう。

ユニット10の漢字のことば

歩行	右（左）片麻痺	可能	不可能	健側
ほこう	みぎ ひだり かたまひ	かのう	ふかのう	けんそく
あるく		できる		いいほう

患側	訓練	筋力	不安定	前傾
かんそく	くんれん	きんりょく	ふあんてい	ぜんけい
わるいほう	れんしゅう	きんにくのちから	ふらつく	まえかがみ

練習問題

問題1 絵を見て□に合う漢字をa～dから選んで入れましょう。

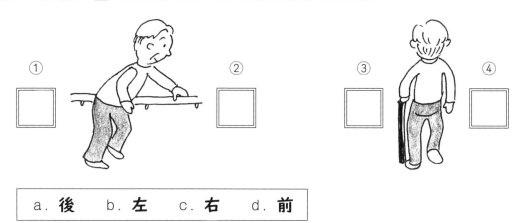

① ② ③ ④

a. 後	b. 左	c. 右	d. 前

問題2 漢字の下に読み方を書きましょう。意味をa～dから選んで（　　　　　）に入れ
ましょう。

歩	行

（　　　　　）

前	傾

（　　　　　）

筋	力

（　　　　　）

機	能	訓	練

（　　　　　）

a. 体を動かすれんしゅう。

b. きんにくのちから。

c. あるく。

d. 体がまえかがみになる。

問題3 ①～③の反対ことばになるように（　　　　　）に合う漢字をa～cから選んで入れましょう。【　　　　　】に読み方を書きましょう。

① 安定　　【　　　　　　】 ⇔ （　　　　）安定　【　　　　　　　　】

② 健側　　【　　　　　　】 ⇔ （　　　　）側　　【　　　　　　　　】

③ 右片麻痺【　　　　　　】 ⇔ （　　　　）片麻痺【　　　　　　　　】

> a.　左　　b.　不　　c.　患

問題4 （　　　　　）に合うことばをa～fから選んで入れましょう。

① Aさんはバランスが不安定なため、（　　　　　　）になりやすいです。（　　　　　　）には、杖が必要です。

② Bさんは風邪をひいたあと長く寝ていたため、（　　　　　　）が低下しました。歩行が（　　　　　）なため、（　　　　　　）をおこなっています。

③ Cさんは元気で自力歩行が（　　　　　　）です。外の空気は気持ちがいいので、毎日散歩します。

> a.　可能　　b.　歩行　　c.　不安定　　d.　筋力
>
> e.　機能訓練　　f.　前傾

ユニット 11 転倒・転落
てんとう　てんらく

ウォーミングアップ

マリ：あ、山田さん、大丈夫ですか。どこか打っていませんか。

　　　痛いところありませんか。

山田：ちょっとすべってね。でも、もう大丈夫。ひとりで立てるから。

マリ：看護師さんを呼んできますから、そのまま待っていてくださいね。

1. 転倒

 書く ときの ことば

脱衣所（ふくをぬぐところ）の入り口の段差（だんがある）で転倒（ころぶ）した。外傷（けが）も気分の不快（きぶんがわるい）もないが、頭部（あたま）を打撲（うつ）しており、家族の依頼（たのむ）でCTをとった。結果は異常なしとのこと。

転倒（てんとう） ころぶ
- [記録] 転倒防止のため階段や廊下に手すりを設置。
- [利→ス] きのう、リビングで転んで腰を打ったけど、大したことなくてよかったよ。

転落（てんらく） おちる
- [記録] ベッドから転落しないように防止の柵を設置。
- [利→ス] 居眠りしていて、いすから落ちてしまったの。

脱衣所（だついじょ） ふくをぬぐところ →p20
- [ス→ス] 脱衣所でよく体を拭いてから、パジャマを着せてあげてください。
- [利→ス] 服を脱ぐところにめがねを忘れたの。

段差（だんさ） だんがある
- [ス→ス] 田中さん、脱衣所と浴室の間の段差は自力で越えられます。
- [ス→利] ここは段がありますから、気をつけてくださいね。

外傷（がいしょう） けが
- [記録] 小林さんの脳の障害は、交通事故の外傷が原因とのこと。
- [利→ス] 自転車で転んでけがをしたところがまだ痛いんだ。

不快（ふかい） きぶんがわるい
- [ス→ス] 鈴木さん、朝から吐き気がして、不快だと言っています。
- [利→ス] ちょっと気分が悪いから、きょうはへやで休んでいるよ。

頭部（とうぶ） あたま →p54
- [ス→ス] Aさん、車いすから落ちて、頭部を打ったようです。すぐ看護師さんを呼んでください。
- [利→ス] 風邪でおふろに入っていないので、頭がかゆいの。

打撲（だぼく） うつ
- [記録] 加藤さん、トイレで転倒し、腰を打撲、経過観察が必要。
- [利→ス] きのう、トイレで転んで腰を打ってしまった。

依頼 いらい たのむ	記録	山田さんに散歩させてほしいと家族から依頼あり。
	利→ス	薬をぬってほしいんだけど、看護師さんに頼んでくれない？

2. 転落

話す
ときの
ことば

トイレへ行くとき、車いすを　自操　し、ひとりで立とうとすることがあります。転落の　危険　がありますから、移動のときには　注意　してください。

じぶんでうごかす　あぶない　きをつける

自操 じそう じぶんでうごかす	ス→ス	鈴木さんは、元気になって車いすを楽しそうに自操しています。
	ス→利	鈴木さん、自分で車いすを動かせるようになってよかったですね。
	同	自走
危険 きけん あぶない	ス→ス	段差など危険のないところを選んで、車いすを押してください。
	ス→利	急ぐと危ないですから、ゆっくり歩きましょう。
注意 ちゅうい きをつける	ス→ス	食事介助のときは誤嚥に注意してください。
	ス→利	歩くときは転ばないように気をつけてくださいね。

ユニット11の漢字のことば

転倒 てんとう ころぶ	転落 てんらく おちる	脱衣所 だついじょ ふくをぬぐところ	段差 だんさ だんがある	外傷 がいしょう けが	不快 ふかい きぶんがわるい	頭部 とうぶ あたま
打撲 だぼく うつ	依頼 いらい たのむ	自操 じそう じぶんでうごかす	自走 じそう	危険 きけん あぶない	注意 ちゅうい きをつける	

練習問題

問題1

（1） 漢字をa～eから選びましょう。

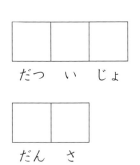

だつ　い　じょ

だん　さ

| a. 衣 | b. 差 | c. 所 | d. 段 | e. 脱 |

（2） だついじょでは、どんなところにだんさがあると思いますか。上の絵に○をつけましょう。

問題2

（1） 漢字の下に読み方を書きましょう。

a.

危	険

b.

注	意

c.

転	倒

d.

不	快

（2） （　　　　）に合うことばを（1）のa～dから選んで入れましょう。

① Aさんはまだ微熱がありますが、気分の（　　　　）はありません。

② Aさんはけさ、トイレで（　　　　）して腰が痛いと言っています。

③ ひとりで立ち上がると（　　　　）ですから、気をつけてください。

④ 転ばないように、段差には（　　　　）してください。

66

問題3 【　　　　　】に読み方を書きましょう。意味をa〜fから選んで（　　　　　）に入れましょう。

① 打撲【　　　　　　　　　】（　　　）

② 外傷【　　　　　　　　　】（　　　）

③ 自操【　　　　　　　　　】（　　　）

④ 転落【　　　　　　　　　】（　　　）

⑤ 依頼【　　　　　　　　　】（　　　）

⑥ 頭部【　　　　　　　　　】（　　　）

> a．たのむ。
> b．車いすをじぶんで動かす。
> c．体を強くうつこと。
> d．車いすやベッドからおちる。
> e．あたま。
> f．けが。

問題4 （　　　　　）に合うことばをa〜hから選んで入れましょう。

① Aさんは道路の（　　　　　）で転びました。頭を（　　　　　）し、外傷もあります。すぐ家族に連絡すると、病院でみてもらってほしいという（　　　　　）があり、病院で（　　　　　）のCTをとりました。特に問題はありませんでしたが、（　　　　　）があれば、もう一度病院を受診するようにと言われました。

② Bさんはトイレへ行くとき、車いすを（　　　　　）しますが、足の筋力がないので、立ち上がるときは（　　　　　）や（　　　　　）の危険があります。見守りが必要です。

> a．気分不快　　b．頭部　　c．打撲　　d．転倒
> e．依頼　　f．転落　　g．自操　　h．段差

ユニット 12　疼痛・かゆみ

ウォーミングアップ

マリ：鈴木さん、ひじをどうしましたか。

鈴木：ゆうべから、ここが痛いんだけど。

マリ：あ、ちょっとはれてますね。熱もあるみたい。

　　　クリニックへ行ってみてもらいましょう。

・・・・・・

鈴木：マリさん、ちょっと見てくれない？　背中がかゆいんだけど。

マリ：背中ですか。ちょっと、うつぶせになってみてください。

鈴木：きのうから、かゆくなって、だんだんひどくなってきた。

マリ：お薬ぬりましょう。きっとよくなりますよ。

1．痛み

話す
ときの
ことば

朝、右ひじに 疼痛 ありました。腫脹 、熱感 あるため、
（あさ）（みぎ）（とうつう）（いたい/いたみ）（しゅちょう）（はれ）（ねつかん）（ねつっぽい）

医師に 診察 してもらったら 関節炎 と言われました。昼、
（いし）（しんさつ）（みてもらう）（かんせつえん）（ひる）

内服薬 あります。
（ないふくやく）（のみぐすり）

疼痛
とうつう
いたい/いたみ

ス→ス 木村さん、膝の疼痛で歩行が困難です。
（きむら）（ひざ）（とうつう）（ほこう）（こんなん）

利→ス ゆうべは歯が痛くてよく眠れなかったよ。
（は）（いた）（ねむ）

~痛　　読み方：ツウ
（よ）（かた）

　　　意味：痛い
（い）（み）（いた）

腹痛　　腰痛
（ふくつう）（ようつう）

激痛（劇痛）　　　頭痛　　歯痛
（げきつう）（げきつう）（ずつう）（しつう）
（はげしいいたみ）

腫脹
しゅちょう
はれ

ス→ス 木村さん、リウマチで指や手首などに腫脹が見られます。
（きむら）（ゆび）（てくび）（しゅちょう）（み）

ス→利 加藤さん、右手がはれていますね。どうかしましたか。
（かとう）（みぎて）

熱感
ねつかん
ねつっぽい

記録 中村さん、熱感あり、こまめな水分補給が必要。
（なかむら）（ねつかん）（すいぶんほきゅう）（ひつよう）

ス→利 中村さん、手が少し熱っぽいですね。ちょっと熱を測ってみ
（なかむら）（て）（すこ）（ねつ）（ねつ）（はか）

ましょうか。

診察
しんさつ
みてもらう

記録 医師の診察の結果、気管支炎とのこと。
（いし）（しんさつ）（けっか）（きかんしえん）

ス→利 熱が引きませんね。お医者さんにみてもらいましょうか。
（ねつ）（ひ）（いしゃ）

関節炎
かんせつえん

記録 腕の関節炎の痛みを止めるため湿布を貼付。
（うで）（かんせつえん）（いた）（と）（しっぷ）（ちょうふ）

arthritis　关节炎　viêm khớp　artritis; radang sendi

<table>
<tr><td>〜炎</td><td>読み<ruby>方<rt>かた</rt></ruby>：エン
<ruby>意味<rt>い み</rt></ruby>：inflammation　炎（症）　viêm
inflamasi; peradangan</td><td></td></tr>
</table>

<ruby>気管支炎<rt>き かん し えん</rt></ruby>　　<ruby>口内炎<rt>こう ない えん</rt></ruby>　　<ruby>肺炎<rt>はい えん</rt></ruby>

<ruby>内服薬<rt>ないふくやく</rt></ruby>
のみぐすり

記録 <ruby>検査<rt>けん さ</rt></ruby>の<ruby>結果<rt>けっ か</rt></ruby>、<ruby>内服薬<rt>ないふくやく</rt></ruby>の<ruby>変更<rt>へんこう</rt></ruby>の<ruby>指示<rt>し じ</rt></ruby>あり。

ス→利 <ruby>朝<rt>あさ</rt></ruby>ごはんのあとの<ruby>飲<rt>の</rt></ruby>み<ruby>薬<rt>ぐすり</rt></ruby>をここに<ruby>置<rt>お</rt></ruby>いておきますからね。

2. かゆみ

<ruby>背中<rt>せ なか</rt></ruby>がかゆいとのこと。<ruby>腹臥位<rt>ふく が い</rt></ruby>になってもらうと、<ruby>背部<rt>はい ぶ</rt></ruby>
（うつぶせ）　　　　　　　　　　　　　　　　　　（せなか）

から<ruby>腰部<rt>よう ぶ</rt></ruby>にかけて<ruby>赤<rt>あか</rt></ruby>いぽつぽつがある。きのうの<ruby>受診<rt>じゅしん</rt></ruby>で、
（こし）

<ruby>発疹<rt>はっしん／ほっしん</rt></ruby>と<ruby>診断<rt>しんだん</rt></ruby>されたところ。もらっておいた<ruby>軟膏<rt>なんこう</rt></ruby>を
（ぽつぽつ）　　　　　　　　　　　　　　　　　　　（ぬりぐすり）

<ruby>塗布<rt>と ふ</rt></ruby>。
（ぬる）

<ruby>腹臥位<rt>ふく が い</rt></ruby>
うつぶせ
→p72

ス→ス <ruby>腰<rt>こし</rt></ruby>に<ruby>湿布<rt>しっ ぷ</rt></ruby>を<ruby>貼<rt>は</rt></ruby>るので、<ruby>腹臥位<rt>ふく が い</rt></ruby>になってもらいます。

ス→利 <ruby>腰<rt>こし</rt></ruby>に<ruby>湿布<rt>しっ ぷ</rt></ruby>を<ruby>貼<rt>は</rt></ruby>りますから、うつぶせになってくださいね。

<ruby>背部<rt>はい ぶ</rt></ruby>
せなか
→p55

記録 <ruby>入浴時<rt>にゅうよくじ</rt></ruby>、<ruby>背部<rt>はい ぶ</rt></ruby>に<ruby>発赤<rt>ほっせき</rt></ruby><ruby>見<rt>み</rt></ruby>られ、<ruby>看護師<rt>かん ご し</rt></ruby>に<ruby>知<rt>し</rt></ruby>らせた。

利→ス <ruby>手<rt>て</rt></ruby>がとどかないから、<ruby>背中<rt>せ なか</rt></ruby>を<ruby>洗<rt>あら</rt></ruby>ってくれない？

<ruby>腰部<rt>よう ぶ</rt></ruby>
こし
→p55

ス→ス <ruby>腰部<rt>よう ぶ</rt></ruby>の<ruby>保護<rt>ほ ご</rt></ruby>ベルトをして、<ruby>腰痛<rt>ようつう</rt></ruby>を<ruby>防<rt>ふせ</rt></ruby>ぎます。

利→ス <ruby>庭仕事<rt>にわしごと</rt></ruby>をしていたら、<ruby>腰<rt>こし</rt></ruby>が<ruby>痛<rt>いた</rt></ruby>くなったんだ。

はっしん／ほっしん **発疹** ぽつぽつ	[ス→ス] 鈴木さん、腕がかゆいとのことでした。見ると発疹があり、看護師に伝えました。 [ス→利] 背中にぽつぽつができていますが、かゆくないですか。

発　読み方：ハツ　　ハッ　　ホッ
　　　意味：出る　はじまる

　ハツ：発病_{はつびょう}　　発熱_{はつねつ}　　ハッ：発汗_{はっかん}

　ホッ：発赤_{ほっせき}

　　　　発作_{ほっさ}　　fit, convulsion, seizure　发作　phát, lên cơn
　　　　　　　　　serangan; terjadi (penyakit)

しんだん **診断**	[記録] 胃カメラで検査した結果、初期の胃がんと診断された。 diagnosis　诊断　chuẩn đoán　diagnosis; diagnosa

なんこう **軟膏** ぬりぐすり	[記録] 鈴木さんのかゆいところに、軟膏を塗布。 [利→ス] 足の指がかゆいんだけど、塗り薬を持ってきてくれない？

と　ふ **塗布** ぬる	[記録] ひげそりのあと、皮膚を保護するためにクリームを塗布。 [利→ス] 手ががさがさだから、クリームをぬりたいんだけど。

体位<small>（たいい）</small>のことば

臥位<small>（がい）</small>	立位<small>（りつい）</small>	座位<small>（ざい）</small>

仰臥位<small>（ぎょうがい）</small>

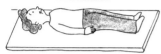

立位

椅座位<small>（いざい）</small>

側臥位<small>（そくがい）</small>

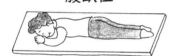

端座位<small>（たんざい）</small>

腹臥位<small>（ふくがい）</small>

ユニット12の漢字<small>（かんじ）</small>のことば

疼痛 <small>とうつう</small> <small>いたい／いたみ</small>	腹痛 <small>ふくつう</small>	腰痛 <small>ようつう</small>	激痛（劇痛） <small>げきつう げきつう</small> <small>はげしいいたみ</small>	頭痛 <small>ずつう</small>	歯痛 <small>しつう</small>

腫脹<small>しゅちょう</small>　はれ　　熱感<small>ねっかん</small>　ねつっぽい　　診察<small>しんさつ</small>　みてもらう　　関節炎<small>かんせつえん</small>　　気管支炎<small>きかんしえん</small>　　口内炎<small>こうないえん</small>

肺炎<small>はいえん</small>　　内服薬<small>ないふくやく</small>　のみぐすり　　腹臥位<small>ふくがい</small>　うつぶせ　　背部<small>はいぶ</small>　せなか　　腰部<small>ようぶ</small>　こし　　発疹<small>はっしん／ほっしん</small>　ぽつぽつ　　発病<small>はつびょう</small>

発汗<small>はっかん</small>　　発赤<small>ほっせき</small>　　発作<small>ほっさ</small>　　診断<small>しんだん</small>　　軟膏<small>なんこう</small>　ぬりぐすり　　塗布<small>とふ</small>　ぬる　　臥位<small>がい</small>

仰臥位<small>ぎょうがい</small>　　側臥位<small>そくがい</small>　　立位<small>りつい</small>　　座位<small>ざい</small>　　椅座位<small>いざい</small>

72

練習問題

問題1

（1）□に合う漢字をa～cから選んで入れましょう。

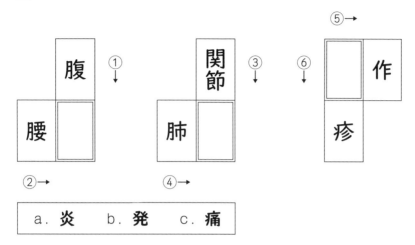

```
a. 炎    b. 発    c. 痛
```

（2）（1）で作ったことばの読み方を書きましょう。

① 【　　　　　　　】　② 【　　　　　　　　　】　③ 【　　　　　　　　　】

④ 【　　　　　　　】　⑤ 【　　　　　　　　　】　⑥ 【　　　　　　　　　】

問題2 【　　　　　　】に読み方を書きましょう。意味をa～eから選んで（　　　）に入れましょう。

① **内服薬** 【　　　　　　　　】（　　　）

② **疼痛** 　【　　　　　　　　】（　　　）

③ **関節炎** 【　　　　　　　　】（　　　）

④ **発疹** 　【　　　　　　　　】（　　　）

⑤ **腫脹** 　【　　　　　　　　】（　　　）

```
a. 皮膚にできた、ぽつぽつ。
b. かんせつがいたくなる病気。
c. 飲むくすり。
d. はれ。
e. 強いいたみ。
```

問題3 絵と合うことばを線で結びましょう。【　　　　　　　】に読み方を書きましょう。

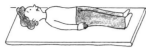
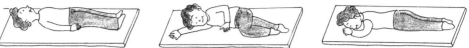
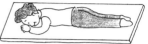

・　　　　　　　　　　　・　　　　　　　　　　　・

・　　　　　　　　　　　・　　　　　　　　　　　・

腹臥位　　　　　　　仰臥位　　　　　　　側臥位

【　　　　　　　】【　　　　　　　】【　　　　　　　】

問題4 （　　　　）に合うことばをa〜hから選んで入れましょう。

① Aさんは右膝に（　　　　）があり、強い（　　　　）を訴えています。
医師の診察では（　　　　）でした。（　　　　）をもらって飲みました。

② Bさんは、背中から腰部にかゆみを訴えています。（　　　　）になってもらうと、
赤い（　　　　）がいくつかありました。医師からもらっておいた（　　　　）
を（　　　　）しましたので、経過観察をお願いします。

a．塗布	b．内服薬	c．疼痛	d．関節炎
e．腫脹	f．発疹	g．腹臥位	h．軟膏

ユニット **13** 傾眠と痰がらみ

ウォーミングアップ

マリ : 山田さん、お食事ですよ。

山田 : ……

マリ : 食堂へ行きましょうね。

山田 : ……

・・・・・・

マリ : 佐々木さん、山田さんはへやのソファでうつらうつらしています。

呼ぶと目をさましますが、またすぐ眠ってしまいます。

もうすぐお昼ごはんですが、どうしましょうか。

佐々木 (介護士) : とりあえず、車いすでリビングまで移動しましょう。ようすを見
て、食べられそうなら、食事介助してください。

75

1. 傾眠（けいみん）

話す ときの ことば（はな）

食事量（しょくじりょう／ごはんのりょう）が 低下（ていか／さがる）して、 傾眠（けいみん／うつらうつら／いねむり） 状態（じょうたい）が 続（つづ）いています。

自力で 食事は 不可能（ふかのう／〜できない）で、ほぼ 全介助（ぜんかいじょ／すべてかいじょする） で 昼食（ちゅうしょく）はすませました。大声（おおごえ）で 名前（なまえ）を 呼（よ）ぶと 覚醒（かくせい／めをさます）し、 意識（いしき）はあります。

傾眠（けいみん）
うつらうつら／
いねむり

ス→ス　山田さん、ラジオ体操（たいそう）しながらいつのまにか傾眠（けいみん）しています。

ス→家　山田さん、ソファーでうつらうつら／居眠（いねむ）りされています。

食事量（しょくじりょう）
ごはんのりょう

ス→ス　鈴木（すずき）さん、おなかがすくと言（い）っています。食事量（しょくじりょう）を増（ふ）やしたらどうでしょうか。

ス→利　下痢（げり）が治（なお）ったばかりですから、ごはんの量（りょう）は少（すく）なめです。あしたからは普通（ふつう）になりますからね。

低下（ていか）
さがる

ス→ス　山田さん、足（あし）の筋力（きんりょく）が低下（ていか）して、歩行（ほこう）が不安定（ふあんてい）です。

ス→利　この間（あいだ）の検査（けんさ）、血圧（けつあつ）が下（さ）がっていましたよ。よかったですね。

不可能（ふかのう）
〜できない

ス→ス　木村（きむら）さん、膝（ひざ）のリウマチ悪（わる）くなり、自力（じりき）で歩行（ほこう）は不可能（ふかのう）です。

利→ス　ひとりでズボンがはけなかったけど、訓練（くんれん）したらできるようになったよ。

反　可能（かのう）

不　読み方（よみかた）：フ　ブ
　　意味（いみ）：〜ではない
　　不自由（ふじゆう）　不足（ふそく）（睡眠不足（すいみんぶそく））　不満（ふまん）　不快（ふかい）

ぜんかいじょ **全介助** すべてかいじょ する	ス→ス　井上さん、体力が低下しています。食事も排泄も全介助でお願いします。 ス→家　井上さん、とても弱っていますので、全て介助しています。 関　いちぶかいじょ 　**一部介助** 　すこしかいじょする
かくせい **覚醒** めをさます	ス→ス　手術が終わりました。まもなく佐藤さんは覚醒するはずです。 利→ス　昼寝しすぎて、夜中に2回も目をさましてしまった。
いしき **意識**	記録　井上さん、体力は低下してきたが、意識ははっきりしている。

consciousness　意识　nhận thức　kesadaran

2. 痰がらみ

話す
ときの
ことば　声をかけると少し痰がらみがあったので、**吸引**をおこな
すいとる

いました。食べたもののこりが**吸引**できました。

きゅういん **吸引** すいとる	ス→ス　痰の吸引をしたらのどが楽になったようです。 ス→家　痰がからんだので、機械で痰を吸い取りました。

ユニット13の漢字のことば

けいみん **傾眠** うつらうつら／ いねむり	しょくじりょう **食事量** ごはんのりょう	ていか **低下** さがる	ふかのう **不可能** 〜できない	ふじゆう **不自由**	ふそく **不足**
ふまん **不満**	ぜんかいじょ **全介助** すべてかいじょする	いちぶかいじょ **一部介助** すこしかいじょする	かくせい **覚醒** めをさます	いしき **意識**	きゅういん **吸引** すいとる

練習問題

問題1 絵と合うことばを線で結びましょう。【 】に読み方を書きましょう。

移乗介助　　　　　　　　食事介助　　　　　　　　排泄介助

【　　　　　　　　】【　　　　　　　　】【　　　　　　　　】

問題2 【 】に読み方を書きましょう。意味をa〜dから選んで（ ）に入れましょう。

① **傾眠**　【　　　　　　　　】（　　　）

② **吸引**　【　　　　　　　　】（　　　）

③ **不可能**【　　　　　　　　】（　　　）

④ **食事量**【　　　　　　　　】（　　　）

> a．ごはんやおかずのりょう。
> b．うつらうつらする。
> c．痰などを機械で、すって出す。
> d．できない。

問題3

（1） 漢字の下に読み方を書きましょう。

a.

意	識

b.

不	足

c.

低	下

d.

覚	醒

（2） （　　　　）に合うことばを（1）のa〜dから選んで入れましょう。

① Aさんは手術後、しばらくしてから（　　　　）しました。

② カルシウムが（　　　　）すると、歯が弱くなりますよ。

③ 熱は高いですが、（　　　　）はあります。

④ Aさんは最近疲れやすく、体力が（　　　　）しているようです。

問題4 （　　　　）に合うことばをa〜eから選んで入れましょう。

① Aさんは日中ほとんど（　　　　）状態です。呼ぶと（　　　　）しますが、
すぐに眠ってしまいます。食事のときは声かけしますが、自力で食事は
（　　　　）です。（　　　　）で朝食をすませました。

② Cさんは、痰がからんで苦しそうだったので、（　　　　）しました。

a．全介助　　b．不可能　　c．吸引　　d．覚醒　　e．傾眠

ユニット 14 入浴

ウォーミングアップ

マリ：湯かげんはどうですか。熱くないですか。

山田：ちょうどいいよ。いい湯だね。ほんとに気持ちいい。

マリ：ここで、見ていますからゆっくり湯船につかってくださいね。

・・・・・・

マリ：さあ髪を洗いましょうか。

　　　お湯を流しますから、目をつぶっててくださいね。

1. 入浴　その1

話すときのことば

一般浴（ふつうにおふろにはいる）で　入浴（おふろ（にはいる））しました。ボディーチェックのとき、

右上腕（みぎにのうで）、肩甲骨（けんこうこつ）近くにひっかききずが見（み）られました。

入浴後（にゅうよくご）（おふろのあと）、テープを貼（は）ってようすを見（み）ています。

入浴（にゅうよく）
おふろ（にはいる）

[ス→ス]　きょうは山田（やまだ）さん、入浴（にゅうよく）の日（ひ）です。風邪（かぜ）も治（なお）ったから洗髪（せんぱつ）もよろしく。

[ス→利]　きょうはおふろの日（ひ）です。髪（かみ）も洗（あら）って、さっぱりしましょう。

一般浴（いっぱんよく）
ふつうにおふろに
はいる

[ス→ス]　山田（やまだ）さんは元気（げんき）になりました。介助者（かいじょしゃ）なしで一般浴（いっぱんよく）ができます。

[利→ス]　早（はや）く元気（げんき）になって、普通（ふつう）におふろに入（はい）りたいね。

浴　読（よ）み方（かた）：ヨク
　　　意味（いみ）：おふろに入（はい）る

浴室（よくしつ）→p20　　浴場（よくじょう）　　浴槽（よくそう）ゆぶね

機械浴（きかいよく）　　部分浴（ぶぶんよく）　　足浴（そくよく）あしゆ　　手浴（しゅよく）てよく

上腕（じょうわん）
にのうで
→p54

[ス→ス]　肩（かた）が痛（いた）くて上腕（じょうわん）が上（あ）がらないそうです。

[ス→利]　注射（ちゅうしゃ）をします。シャツのそでを、二（に）の腕（うで）まで上（あ）げてください。

肩甲骨（けんこうこつ）
→p53

[記録]　階段（かいだん）から落（お）ちて、肩甲骨（けんこうこつ）を骨折（こっせつ）したとのこと。

<table>
<tr>
<td>
にゅうよくご
入浴後
おふろのあと
</td>
<td>
ス→ス
ス→利
</td>
<td>
にゅうよくご だついじょ
<u>入浴後</u>は、脱衣所でドライヤーをしてください。
の
<u>おふろのあと</u>は、しっかりお水を飲んでおいてくださいね。
</td>
</tr>
</table>

~後　　読み方：ゴ
意味：～のあと

ちょうしょくご　　　しゅじゅつご
朝食後　　手術後

たいいんご
退院後

２．入浴　その２

もり　　　すこ　たいちょう　わる　　せいしき　　き
森さん、少し体調が悪く 清拭 に切りかえた。へやを
からだをふく

あたた　　かお　あし　　じゅん　ふ　　き も
温め、顔から足までの順に拭いた。気持ちよさそうな

ひょうじょう　　　　ほしつざい　とふ　　かいじょ しゅうりょう
表情 だった。保湿剤を塗布し、介助 終了 。
（お）かお　　　　　　　　　　　　　　　　　おわる

<table>
<tr>
<td>
せいしき
清拭
からだをふく
</td>
<td>
ス→ス
利→ス
</td>
<td>
すずき　　はつねつ にゅうよく　　　　　ぜんしん せいしき
鈴木さん、発熱で入浴できないため、全身を<u>清拭</u>してください。
からだ ふ
ありがとう。<u>体を拭いて</u>もらってさっぱりしたよ。
</td>
</tr>
<tr>
<td>
ひょうじょう
表情
（お）かお
</td>
<td>
ス→ス

ス→利
</td>
<td>
ひょうじょう　　　　き ぶん　　わる
みなさんの<u>表情</u>をよく見ると、気分がいいか悪いかわかり
ます。
やまだ　　　　　　　　かお くら　　　　　なに しんぱい
山田さん、きょうは<u>お顔が暗い</u>ですね。何か心配なことでも
ありますか。
</td>
</tr>
<tr>
<td>
ほ しつざい
保湿剤
</td>
<td>
ス→ス
</td>
<td>
にゅうよくご　　ほしつざい　とふ　ねが
入浴後は<u>保湿剤の塗布</u>お願いします。
moisturizer　保湿剤　thuốc giữ ẩm　(obat) pelembab
</td>
</tr>
</table>

【くすり】

～剤　　読み方：ザイ　　　　～薬　　読み方：ヤク

下剤（げざい）　　　　　　　　　　内服薬（ないふくやく）

安定剤（あんていざい）　　　　　　服薬（ふくやく）

入眠剤（にゅうみんざい）

解熱剤（げねつざい）

終了（しゅうりょう）
おわる

ス→ス　食欲があり、食事はいつもより短い時間で終了しました。

ス→利　魚はお好きなのに、お食事はもう終わりですか。

ユニット14の漢字のことば

入浴（にゅうよく）
おふろ（にはいる）

一般浴（いっぱんよく）
ふつうにおふろにはいる

浴室（よくしつ）

浴場（よくじょう）

浴槽（よくそう）
ゆぶね

機械浴（きかいよく）

部分浴（ぶぶんよく）

足浴（そくよく）
あしゆ

手浴（しゅよく）
てよく

上腕（じょうわん）
にのうで

肩甲骨（けんこうこつ）

入浴後（にゅうよくご）
おふろのあと

朝食後（ちょうしょくご）

手術後（しゅじゅつご）

退院後（たいいんご）

清拭（せいしき）
からだをふく

表情（ひょうじょう）
（お）かお

保湿剤（ほしつざい）

安定剤（あんていざい）

入眠剤（にゅうみんざい）

解熱剤（げねつざい）

終了（しゅうりょう）
おわる

練習問題
<ruby>練習問題<rt>れんしゅうもんだい</rt></ruby>

問題1 <ruby>絵<rt>え</rt></ruby>と<ruby>合<rt>あ</rt></ruby>うことばを<ruby>線<rt>せん</rt></ruby>で<ruby>結<rt>むす</rt></ruby>びましょう。【　　　　　】に<ruby>読<rt>よ</rt></ruby>み<ruby>方<rt>かた</rt></ruby>を<ruby>書<rt>か</rt></ruby>きましょう。
<ruby>問題<rt>もんだい</rt></ruby>

・　　　　　　　　・　　　　　　　　・

・　　　　　　　　・　　　　　　　　・

一般浴　　　　　機械浴　　　　　清拭

【　　　】　【　　　　】　【　　　　】

問題2 <ruby>絵<rt>え</rt></ruby>の<ruby>名前<rt>なまえ</rt></ruby>をa～cから<ruby>選<rt>えら</rt></ruby>んで（　　　　　）に<ruby>書<rt>か</rt></ruby>きましょう。【　　　　　】に<ruby>読<rt>よ</rt></ruby>
<ruby>問題<rt>もんだい</rt></ruby>
み<ruby>方<rt>かた</rt></ruby>を<ruby>書<rt>か</rt></ruby>きましょう。

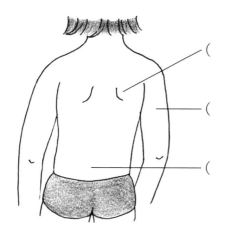

（　　　　）【　　　　】

（　　　　）【　　　　】

（　　　　）【　　　　】

a. **上腕**　　b. **肩甲骨**　　c. **腰部**

問題3 【　　　　　】に読み方を書きましょう。意味をa～eから選んで（　　　　）に入れましょう。

① **入浴**　【　　　　　　　　】（　　　　）

② **表情**　【　　　　　　　　】（　　　　）

③ **解熱剤**【　　　　　　　　】（　　　　）

④ **浴槽**　【　　　　　　　　】（　　　　）

⑤ **浴室**　【　　　　　　　　】（　　　　）

> a．ふろ場
> b．湯ぶね
> c．おふろにはいる
> d．顔のようす
> e．ねつを下げる薬

問題4 （　　　　　）に合うことばをa～fから選んで入れましょう。

① Aさんは自力歩行が可能なので、（　　　　）で入浴しました。背中を洗うとき、（　　　　）近くに赤い発疹が見られたので、看護師に伝えました。

② Bさんは要介護4のため、機械浴で（　　　　）しました。洗髪のときは、気持ちよさそうな（　　　　）が見られました。

③ Cさんは微熱があるため、きょうは入浴をやめて、（　　　　）にしました。体には（　　　　）を塗布しました。

> a．**入浴**　　b．**保湿剤**　　c．**肩甲骨**
> d．**清拭**　　e．**一般浴**　　f．**表情**

ユニット 15　家族
<ruby>家<rt>か</rt>族<rt>ぞく</rt></ruby>

ウォーミングアップ

マリ：<ruby>山田<rt>やまだ</rt></ruby>さん、きょうはなんだかうれしそうですね。

<ruby>山田<rt>やまだ</rt></ruby>：そう、さっき<ruby>娘<rt>むすめ</rt></ruby>から<ruby>電話<rt>でんわ</rt></ruby>があってね。

　　　2<ruby>時<rt>じ</rt></ruby>ごろ<ruby>来<rt>き</rt></ruby>てくれるって。

マリ：それはよかったですね。どんなこと、<ruby>話<rt>はな</rt></ruby>しますか。

<ruby>山田<rt>やまだ</rt></ruby>：うふふ、それは<ruby>内緒<rt>ないしょ</rt></ruby>。

マリ：えっ、<ruby>内緒<rt>ないしょ</rt></ruby>ですか。

1. 娘さん来訪

書くときのことば

昼食時（おひるをたべるとき）、山田さん 長女（うえのむすめ） 来訪（くる）。 食後（しょくじのあと） 談笑（たのしそうにはなす）しながら過ごされる。 娘さんにお孫さんの入学式の写真見せてもらって、うれしそう。

内緒（ないしょ／いわない）

ス→ス 山田さん、お孫さんの名前は内緒だそうです。

利→ス きょうわたしがみんなの前で歌ったこと、家族には言わないでね。

来訪（らいほう／くる）

ス→ス 本日、15時ごろ、ご家族が来訪します。

利→ス きのうの日曜日は、息子が来てうれしかった。

関 **面会（めんかい／あう）**

昼食時（ちゅうしょくじ／おひるをたべるとき）

ス→ス 山田さんは、昼食時、窓の外を見ていました。午後の天気が気になるようです。

ス→家 山田さんは、お昼を食べるとき、窓のそばに座ることが多いです。

┌─────────────────────────────┐
〜時　読み方：ジ

意味：〜のとき

受診時（じゅしんじ）　外出時（がいしゅつじ）　入浴時（にゅうよくじ）

└─────────────────────────────┘

長女（ちょうじょ／うえのむすめ）

記録 緊急の場合は、山田さんの長女に知らせること。

利→ス 娘が2人いて、上の娘は学校の先生をしてるの。

関 **長男（ちょうなん／うえのむすこ）**

食後（しょくご／しょくじのあと）

ス→ス 鈴木さんは、食後のデザートを楽しみにしています。

ス→利 食事のあとは、うがいをしてからおへやにもどりましょう。

反 **食前（しょくぜん／しょくじのまえ）**

談笑
だんしょう
談笑
たのしそうに はなす

ス→ス 田中さんは、朝の体操のあと、ホールで鈴木さんと談笑して
いました。

ス→利 きのうは息子さんと楽しそうに話していましたね。

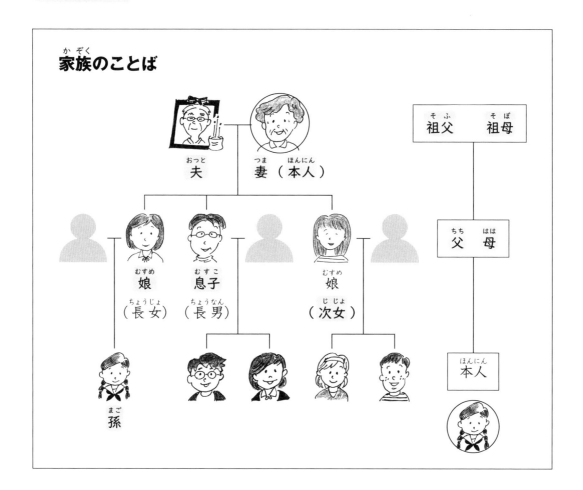

家族のことば

夫（おっと）　妻（つま）（本人（ほんにん））

祖父（そふ）　祖母（そぼ）

娘（むすめ）（長女（ちょうじょ））　息子（むすこ）（長男（ちょうなん））　娘（むすめ）（次女（じじょ））

父（ちち）　母（はは）

孫（まご）

本人（ほんにん）

2. 家族に連絡（かぞく　れんらく）

家族（かぞく）に電話（でんわ）で連絡（れんらく／しらせる）したが、不在（ふざい／いない）のため、留守番電話（るすばんでんわ）に、

歯痛（しつう）のため歯科（しか／はいしゃ）を受診（じゅしん）することになったというメッセージ

をのこす。

れんらく **連絡** しらせる	ス→ス	^{こうねつ} つづ 高熱が続くため、^{かぞく}家族に <u>連絡</u>して受診することにしました。
	ス→利	^{なに} 何かあったときには、ご^{かぞく}家族にすぐに<u>お知らせします</u>からね。

ふざい **不在** いない	記録	^{いし} ^{ふざい} 医師が<u>不在</u>のため、^{かんごし}看護師が^{けんこうかんり}健康管理をおこなった。
	ス→利	きょうは、^{かんごし}看護師の^{わたなべ}渡辺さんは<u>いません</u>。

しか **歯科** はいしゃ	記録	^{かとう} ^{しつう} ^{しか} ^{じゅしん} 加藤さん、歯痛のため、<u>歯科</u>を受診。
	利→ス	^い ^ば ^あ ^{はいしゃ} ^い 入れ歯が合わないから、<u>歯医者</u>へ行きたいんだけど。

〜科　　^よ ^{かた}読み方：カ

ないか
内科　　　せいけいげか
整形外科　　　がんか
眼科
　　　　　　　　　　　　　　　　　　めいしゃ

ユニット15の^{かんじ}漢字のことば

ないしょ 内緒 いわない	らいほう 来訪 くる	めんかい 面会 あう	ちゅうしょくじ 昼食時 おひるを たべるとき	じゅしんじ 受診時	がいしゅつじ 外出時

にゅうよくじ 入浴時	ちょうじょ 長女 うえのむすめ	ちょうなん 長男 うえのむすこ	しょくご 食後 しょくじのあと	しょくぜん 食前 しょくじのまえ	だんしょう 談笑 たのしそうに はなす

おっと 夫	つま 妻	ほんにん 本人	むすめ 娘	むすこ 息子	じじょ 次女	まご 孫	そふ 祖父

そぼ 祖母	ちち 父	はは 母	れんらく 連絡 しらせる	ふざい 不在 いない	しか 歯科 はいしゃ	ないか 内科

せいけいげか 整形外科	がんか 眼科 めいしゃ

練習問題

問題1

（1） 漢字の下に読み方を書きましょう。

受	診	時

面	会

食	前

食	後

入	浴	時

問題2 【　　　　　】に読み方を書きましょう。意味をa～fから選んで（　　　　　）
に入れましょう。

① **連絡** 【　　　　　】（　　　）

② **不在** 【　　　　　】（　　　）

③ **談笑** 【　　　　　】（　　　）

④ **来訪** 【　　　　　】（　　　）

⑤ **昼食時**【　　　　　】（　　　）

⑥ **内緒** 【　　　　　】（　　　）

---

a．人がくる。

b．ひるごはんをたべるとき。

c．いない。

d．楽しそうに話す。

e．ひみつ。他の人に話さない。

f．電話したり、メールしたりする。

問題3 絵と合うことばを線で結びましょう。【　　　　　】に読み方を書きましょう。

・　　　　　・　　　　　・　　　　　・

・　　　　　・　　　　　・　　　　　・

歯科　　　　　内科　　　　　眼科　　　　　整形外科

【　　　　　】　【　　　　　】　【　　　　　】　【　　　　　】

問題4 （　　　　　）に合うことばをa～fから選んで入れましょう。

① 昼食時、Aさんのご家族が（　　　　　）されると、うれしそうな表情。（　　　　　）しばらく（　　　　　）して過ごされる。

② Bさんはトイレに行くときに転倒し肩を打撲。ご家族に（　　　　　）したが、ご（　　　　　）。留守番電話に（　　　　　）を受診することになったというメッセージをのこす。

a. 連絡	b. 整形外科	c. 来訪
d. 談笑	e. 食後	f. 不在

問題5

（1） 漢字の読み方を【 　　　　】に書きましょう。山田ちえ子さんとどんな関係か、
（ 　　　　）に合うことばをa〜hから選んで入れましょう。同じことばが入る
（ 　　　　）もあります。

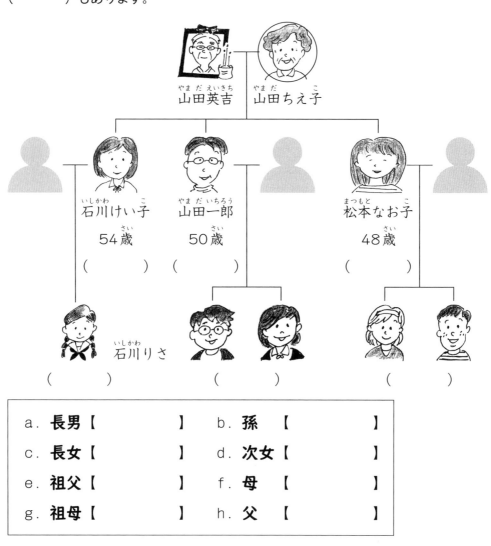

a. 長男【 　　　　　】	b. 孫 　【 　　　　　】
c. 長女【 　　　　　】	d. 次女【 　　　　　】
e. 祖父【 　　　　　】	f. 母 　【 　　　　　】
g. 祖母【 　　　　　】	h. 父 　【 　　　　　】

（2）（　　　　　）に合うことばを（1）のa～hから選んで入れましょう。同じことば
　　　が入る（　　　　　）もあります。

　　きょうからお世話になる山田ちえ子を、よろしくお願いいたします。わ
たしは、（　　　　　）の石川けい子です。小学校の教師をしております。
今、わたしのとなりにいる山田一郎はちえ子の（　　　　　）です。その
となりの松本なお子は（　　　　　）です。
　　（　　　　　）の山田英吉が6年前になくなって、（　　　　　）は5年前
からわたしたち家族と一緒に住むようになりました。子どもが大好きで、
（　　　　　）たちをほんとうにかわいがってくれました。わたしの娘の
りさもおばあちゃんが大好きです。
　　（　　　　　）は昨年から体調をくずして、わたしたちでは介護が難し
くなりました。こちらで専門の介護が受けられることになって、本当に
安心しております。

ユニット
15

93

ユニット 16 レクリエーション・行事

ウォーミングアップ

ポール：きょうは山田さんと鈴木さんのお誕生会ですね。

山田さん、何歳になられましたか。

山田　：95歳。でも、95歳まで生きるとは思わなかったね。

自分でもおどろいてるよ。

ポール：まだまだお元気でいてくださいね。

1．ラジオ体操

書く
ときの
ことば

ラジオ体操レクに 参加 。膝の 関節 の 拘縮 のため、い
　　　　　　　　　いっしょにする　　　　　　　　　かたくなる

すに座ったまま、上半身 だけを動かしていた。
　すわ　　　　　　こしからうえ　　　　　うご

＊レク＝レクリエーション

行事
ぎょうじ
イベント

ス→ス　いろいろな行事を計画して、みなさんに喜んでもらいましょう。
　　　　　　　　　　ぎょうじ　けいかく　　　　　　　　よろこ

利→ス　イベントのときは、おいしい料理が出るので楽しみだよ。
　　　　　　　　　　　　　　　りょうり　で　　　　たの

誕生会
たんじょうかい

ス→ス　きょうは、５月生まれの人の誕生会なのでカーネーションを
　　　　　　　　　　　う　　　　ひと　たんじょうかい
　　　　かざります。

birthday party　生日会　tiệc sinh nhật　pesta ulang tahun

参加
さんか
いっしょにする

ス→ス　山田さん、となりのグループのレクリエーションに参加して
　　　　　やまだ　　　　　　　　　　　　　　　　　　　　さんか
　　　　楽しそうでした。
　　　　たの

ス→利　佐藤さん、あちらでゲームをするんですが、一緒にしませんか。
　　　　　さとう　　　　　　　　　　　　　　　　いっしょ

関節
かんせつ

ス→ス　木村さんは、リウマチで右膝の関節が痛いと言っています。
　　　　　きむら　　　　　　　　みぎひざ　かんせつ　いた　い

joint　关节　khớp　sendi

拘縮
こうしゅく
かたくなる

ス→ス　山口さん、左手の指が拘縮しています。介助のとき、注意
　　　　　やまぐち　ひだりて　ゆび　こうしゅく　　　かいじょ　　　　ちゅうい
　　　　してください。

ス→利　山口さん、腕の関節がかたくならないように、リハビリをし
　　　　　やまぐち　うで　かんせつ
　　　　ましょう。

上半身
じょうはんしん
こしからうえ
→p55

ス→ス　鈴木さんは、気分が少しよくなったらしく、上半身を起こし
　　　　　すずき　　　　きぶん　すこ　　　　　　　　　じょうはんしん　お
　　　　てテレビを見ています。
　　　　　　　み

利→ス　腰から上はどこも悪くないけど、足と腰が悪くて歩けないの
　　　　　こし　うえ　　　　わる　　　　　あし　こし　わる　　　ある
　　　　が困るんだ。
　　　　　こま

反　下半身
　　か　はんしん
　こしからした→p25

2. 花見

書くときのことば

花見の行事に参加。車いすで近くの公園に行き、1時間ほど外気浴（そとですごす）。「さくらがきれいね。外の風は気持ちがいいね」と終始（ずっと）機嫌（きぶん）がいい。施設にもどると、居室で1時間ほど横になっていた。

外気浴（がいきよく）
そとですごす

記録 天気がよく風もなかったので、屋上で外気浴をした。

ス→利 お天気がいいので、お昼ごはんのあとは<u>外で過ごし</u>ましょうか。

関 日光浴（ひをあびる）

終始（しゅうし）
ずっと

ス→ス 鈴木さんはテレビを見ながら、<u>終始</u>、にこにこしていました。

ス→家 山田さんは、きょうのレクリエーションに<u>ずっと</u>参加して楽しそうでした。

機嫌（きげん）
きぶん

ス→ス 加藤さんは目ざめから<u>機嫌</u>よく過ごしています。

ス→利 おふろから上がって、ご<u>気分</u>はいかがですか。

施設（しせつ）
→p20

ス→ス 木村さんが<u>施設</u>に入所して1週間たちましたが、なれたようで落ち着いて過ごしています。

レクリエーションの例（れい）

書道（しょどう）　

俳句（はいく）の会（かい）

映画鑑賞会（えいがかんしょうかい）　

音楽会（おんがくかい）　朗読（ろうどく）の会（かい）　誕生会（たんじょうかい）

季節の行事の例

1月　新年会

2月　節分（豆まき）

8月　花火大会　　盆踊り

9月　敬老の日
　　※敬老の日：老人の長生きを祝う日

12月　忘年会
　　※忘年会：1年の終わりにするパーティー

ユニット16の漢字のことば

行事	誕生会	参加	関節	拘縮	上半身
イベント		いっしょにする		かたくなる	こしからうえ

外気浴	日光浴	終始	機嫌	施設	書道
そとですごす	ひをあびる	ずっと	きぶん		

俳句	映画鑑賞会	音楽会	朗読	新年会	節分

花火大会	盆踊り	敬老	忘年会

練習問題

問題1 ことばとその説明を線で結びましょう。

① 盆踊り　　　・

② 忘年会　　　・

③ 敬老の日　　・

④ 新年会　　　・

・a. 老人の長生きをお祝いする日です。

・b. お正月のお祝いです。

・c. 12月の終わりごろ、します。

・d. おぼんのお祭りでおどります。

問題2 「2月のレクリエーションプログラム」を見て、(1)〜(5)に答えましょう。

2月のレクリエーションプログラム						
月	火	水	木	金	土	日
1 絵手紙を かこう	2 カラオケ ♪	3 節分	4 リハビリ 体操	5 書道の じかん	6 ラジオ 体操	7
8 囲碁 教室	9 なおこ 先生の 音楽会	10 俳句	11 リハビリ 体操	12 書道の じかん	13 ラジオ 体操	14 誕生会
15 絵手紙を かこう	16 カラオケ ♪	17 映画 鑑賞会	18 リハビリ 体操	19 書道の じかん	20 ラジオ 体操	21
22 囲碁 教室	23 なおこ 先生の 音楽会	24 俳句	25 リハビリ 体操	26 書道の じかん	27 ピアノ 演奏会	28

（1）「たんじょうかい」はいつですか。

（2）２月の季節の行事は何ですか。

（3）しょどうは何曜日ですか。

（4）えいがを見るのは、いつですか。

（5）山田さんは歌が好きです。何曜日のレクに参加をすすめますか。

問題3　【　　　　　】に読み方を書きましょう。ことばの意味をそれぞれa～dから選び
ましょう。

① **拘縮**【　　　　　　　　】（　　　）

> a．かたくなる　　b．ひえる　　c．はれる　　d．ねつがある

② **行事**【　　　　　　　　】（　　　）

> a．しごと　　b．外に行くこと　　c．イベント　　d．じこ

③ **終始**【　　　　　　　　】（　　　）

> a．おわってから　　b．最後と最初　　c．ときどき　　d．ずっと

④ **外気浴**【　　　　　　　　】（　　　）

> a．ふろに入る　　b．シャワーをあびる
> c．天気のいい日、そとで過ごす　　d．さくらの花を見る

問題4 （　　　　　）に合うことばをa～dから選んで入れましょう。

① 本日2時、（　　　　　）の吉田先生が見えます。（　　　　　）担当の川田さん、筆や紙などを机にセットしておいてください。（　　　　　）希望の方の移動介助をお願いします。

② 川の近くの公園は紅葉が見ごろです。あした久しぶりに外出して、（　　　　　）を楽しみましょう。

a．行事　　b．外気浴　　c．書道　　d．参加

問題5 （　　　　　）に合うことばをa～gから選んで入れましょう。

① 午前11時リハビリ体操。小山さん、膝の（　　　　　）に（　　　　　）があるため、前半は座位で（　　　　　）だけ動かしていたが、後半は立位で、ゆっくり膝を伸ばしていた。

② 佐藤さん、この（　　　　　）のいろいろなイベントが楽しみとのこと。きょうの（　　　　　）では、（　　　　　）、（　　　　　）がよく、カラオケのマイクを離さなかった。

a．施設　　b．忘年会　　c．終始　　d．機嫌

e．関節　　f．拘縮　　g．上半身

17 ケアプラン・ケアカンファレンス

ウォーミングアップ

ケアマネージャー：高橋さん、最近は少し立てるようになりましたね。

高橋さんの長女：父は家に帰りたいと言っていますが、帰れるようになるでしょうか。

ケアマネージャー：ひとりでトイレに行けるようになったら、帰っても大丈夫だと思いますが。

リハビリの回数を増やしてみましょうか。

1．サービス計画書

利用者 名：高橋和夫	生年月日：昭和2年4月24日
サービス計画作成者 氏名：	要介護状態区分 4 レベル

	本人：うちに帰りたい。
利用者と家族の 生活に対する 意向 どうしたいか	家族：寝たきりになってしまうことが心配。 歩いてトイレに行ければ、うちで家族と一緒 に生活できると思っている。

計画書 ケアプラン

[ス→ス] 利用者の心と体の状態に合ったサービス計画書を作成してください。

[ス→家] ケアプランには、その月の介護の目標が書いてあります。

利用者 りようするひと

[ス→ス] 利用者にのこっている機能を生かすようにしましょう。

[ス→家] この施設を利用する人は要介護3以上の人が多いです。

生年月日 たんじょうび

[ス→ス] 入所する人には、かならず生年月日を書いてもらいます。

[ス→利] 高橋さんのお誕生日はいつですか。

年の言い方

大正　　昭和　　平成　　令和

日付の言い方

日曜日	月曜日	火曜日	水曜日	木曜日	金曜日	土曜日
1日 ついたち	2日 ふつか	3日 みっか	4日 よっか	5日 いつか	6日 むいか	7日 なのか
8日 ようか	9日 ここのか	10日 とおか	11日 じゅういちにち	12日 じゅうににち	13日 じゅうさんにち	14日 じゅうよっか
15日 じゅうごにち	16日 じゅうろくにち	17日 じゅうしちにち	18日 じゅうはちにち	19日 じゅうくにち	20日 はつか	21日 にじゅういちにち
22日 にじゅうににち	23日 にじゅうさんにち	24日 にじゅうよっか	25日 にじゅうごにち	26日 にじゅうろくにち	27日 にじゅうしちにち	28日 にじゅうはちにち
29日 にじゅうくにち	30日 さんじゅうにち	31日 さんじゅういちにち				

ユニット
17

氏名
なまえ

[ス→ス] 申し送りは、まず利用者の氏名を言ってから始めてください。

[ス→利] おへやの入口の名前は、高橋さんが書いたんですか。きれいに書いてありますね。

区分
レベル

[ス→ス] 小林さん、リハビリの結果、要介護の区分が2から1に変更になりました。

[ス→利] 要介護のレベルは5つにわけられています。

意向
どうしたいか

[ス→ス] 本人と家族の意向をよく聞いて介護計画を立ててください。

[ス→家] 高橋さんがどうしたいかを聞きながらケアプランを立てます。

2．ケアカンファレンス ＝サービス担当者会議

出席者 しゆつせきしや でるひと	ケアマネージャー（介護支援専門員）、介護 担当 するひと／こと スタッフ、機能訓練 指導員、本人、家族（長女）
長期目標 ちょうきもくひょう	在宅復帰 を目指す。 いえにかえれる 手すりや 補助具 を使って、移動できる。
短期目標 たんきもくひょう	立位、座位ができる。 歩行ができる。
サービス 内容 ないよう	リハビリによる立位・座位の 自立支援。 リハビリによる歩行の訓練。

会議 かいぎ ミーティング	記録 13時〜14時、山田さんと高橋さんの介護計画について会議。 ス→ス きょうのミーティングでは、来月のお花見について相談します。 同 カンファレンス
出席者 しゆつせきしや でるひと	ス→ス ケアカンファレンスの出席者は、10時までに集まってください。 ス→利 きょうの誕生会に出る人は、午後2時にホールに来てください。
担当 たんとう するひと／こと	ス→ス きょうは、第3ユニットを担当してください。 ス→利 山田さん、きょうのリハビリの指導をする人は 林 さんです。

指導員
しどういん

ス→利　リハビリのことは、指導員と相談してください。
　　　　　しどういん　そうだん

instructor　指导员　người chỉ đạo　instruktur; pengajar; pengasuh

長期目標
ちょうきもくひょう

ス→ス　山田さんの長期目標は、自立して家で生活することです。
　　　　やまだ　　　ちょうきもくひょう　じりつ　いえ　せいかつ

long-term objective　長期目标　mục tiêu dài hạn　tujuan jangka panjang

関　短期目標
　　たんきもくひょう

在宅復帰
ざいたくふっき
いえにかえれる

ス→ス　松本さん、歩行訓練で歩けるようになったので、在宅復帰し
　　　　まつもと　ほこうくんれん　ある　　　　　　　　　　　ざいたくふっき
ました。

ス→利　リハビリがんばってますね。もう少しで家に帰れるようにな
　　　　　　　　　　　　　　　　すこ　いえ　かえ
りますよ。

補助具
ほじょぐ

ス→ス　吉田さんは、シルバーカーなどの補助具を使えば300mぐら
　　　　よしだ　　　　　　　　　　　ほじょぐ　つか
いは歩けます。
　　ある

aid　辅助工具　dụng cụ hỗ trợ　alat bantu

内容
ないよう

ス→ス　医師の指示の内容を家族に電話で伝えました。
　　　　いし　しじ　ないよう　かぞく　でんわ　つた

自立支援
じりつしえん

記録　利用者の自立支援のために、居室に手すりをつけた。
　　　りょうしゃ　じりつしえん　　　　きょしつ　て

support for self-reliance　自立支援　hỗ trợ độc lập
bantuan atau dukungan untuk kemandirian; membantu atau menyokong hanya hal yang
tidak mampu dilakukan oleh orang tersebut

施設で働く人
しせつ はたら ひと

介護支援専門員（ケアマネジャー）
かいごしえんせんもんいん

care manager　护理支援人员　chuyên gia hỗ trợ điều dưỡng　care manager

介護福祉士
かいごふくしし

care worker　介护福祉士　nhân viên chăm sóc gười già
perawat lansia; careworker

栄養士
えいようし

nutritionist　营养师　chuyên gia dinh dưỡng
ahli gizi; nutrisionis

理学療法士（PT）physical therapist
りがくりょうほうし

理学疗法士　chuyên viên vật lý trị liệu　fisioterapis

作業療法士（OT）occupational therapist
さぎょうりょうほうし

作业疗法士　chuyên viên trị liệu vận động　okupasi terapis

言語聴覚士（ST）speech therapist　言语听觉士
げんごちょうかくし

chuyên viên trị liệu ngôn ngữ và nghe nói　bicara terapis

医師
いし

doctor　医师　bác sỹ　dokter

看護師
かんごし

nurse　护士　điều dưỡng viên, y tá　perawat

ユニット17の漢字のことば

けいかくしょ
計画書
ケアプラン

りようしゃ
利用者
りようするひと

せいねんがっぴ
生年月日
たんじょうび

たいしょう
大正

しょうわ
昭和

へいせい
平成

れいわ
令和

しめい
氏名
なまえ

くぶん
区分
レベル

いこう
意向
どうしたいか

かいぎ
会議
ミーティング

しゅっせきしゃ
出席者
でるひと

たんとう
担当
するひと／こと

しどういん
指導員

ちょうきもくひょう
長期目標

たんきもくひょう
短期目標

ざいたくふっき
在宅復帰
いえにかえれる

ほじょぐ
補助具

ないよう
内容

じりつしえん
自立支援

かいごしえんせんもんいん
介護支援専門員

かいごふくしし
介護福祉士

えいようし
栄養士

りがくりょうほうし
理学療法士

さぎょうりょうほうし
作業療法士

げんごちょうかくし
言語聴覚士

かんごし
看護師

練習問題

問題1 （　　　　　）に合う漢字をa～cから選んで入れて、施設で働く人のことばを作りましょう。【　　　　　】にことばの読み方を書きましょう。

> a. **員**　　b. **士**　　c. **師**

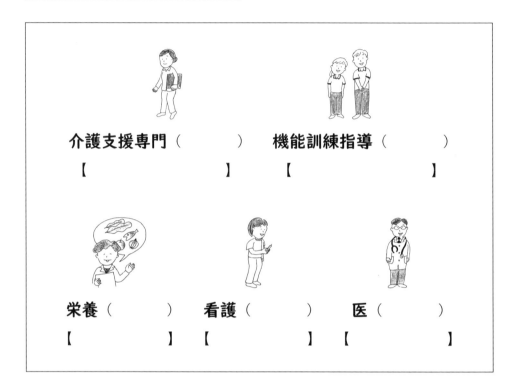

介護支援専門（　　　　）　　　機能訓練指導（　　　　　）
【　　　　　　　】　　【　　　　　　　　】

栄養（　　　）　　看護（　　　）　　医（　　　）
【　　　　　】　【　　　　　】　【　　　　　】

問題2 次の年月日を読みましょう。

① 大正11年3月6日

② 昭和4年1月5日

③ 平成9年7月4日

④ 令和2年9月1日

問題3 a～fのことばを下線に入れましょう。【　　　】に読み方を書きましょう。

> | a. **月日** | b. **目標** | c. **自立** |
> | d. **区分** | e. **復帰** | f. **計画** |

① 利用者が受けるサービスをまとめたもの。ケアプラン。

　　　　　　　　　　　　　サービス＿＿＿＿＿書【　　　　　　　　】

② 自分の家にもどる。　　　　　　　　　在宅＿＿＿＿＿【　　　　　　　　】

③ 自分でできることを、周りの人がサポートする。

　　　　　　　　　　　　　　　　＿＿＿＿＿支援【　　　　　　　　】

④ 長い時間かけて、できるようになりたいこと。

　　　　　　　　　　　　　　　　　長期＿＿＿＿＿【　　　　　　　　】

⑤ 生まれた年と誕生日。　　　　　　　生年＿＿＿＿＿【　　　　　　　　】

⑥ 要介護の状態の程度をわけたもの

　　　　　　　　　　　　　　要介護状態＿＿＿＿＿【　　　　　　　　】

問題4 介護老人保健施設での会議です。（　　　　）に合うことばをa～jから選んで入れましょう。

① （　　　　＝サービス担当者会議）をおこないます。

② ケアマネージャー：（　　　　）の松田和子さんは現在93歳、4か月前に脳梗塞で倒れ入院。退院後、1週間前にこちらに入所されました。ご本人とご家族のご（　　　　）はどんなことですか。

　　松田さんの長女：一日も早く自宅に帰れますようにどうかよろしくお願いします。

③ 機能訓練指導員：そうですね。こちらの施設の（　　　　）は、（　　　　）です。手と足の右片麻痺があるため、ご本人も大変でしょう。食事とトイレが、おひとりでできるように、（　　　　）をしていきます。

④ 介護福祉士：（　　　　）のアドバイスで、食事は一部介助とし、麻痺のある右手でも食べられるように（　　　　）を試しています。

> | a. **ケアカンファレンス** | b. **自立支援** | c. **在宅復帰** |
> | d. **補助具** | e. **意向** | f. **指導員** | g. **目標** | h. **利用者** |

ユニット **18** 清掃・洗濯
せいそう・せんたく

ウォーミングアップ

佐々木：ポールさん、2号室のトイレが少し汚れています。
ささき　　　　　　　　　　ごうしつ　　　　　　すこ　よご

　　　　お掃除お願いします。
　　　　そうじ　ねが

ポール：あ、そうですか。わかりました。

　　　　掃除して消毒しておきます。
　　　　そうじ　　しょうどく

1. 清掃

話す ときの ことば

居室 清掃（きれいにする）の担当者（たんとうしゃ）は、日曜日午前中（にちようびごぜんちゅう）にシーツ交換（こうかん）をしてください。担当（たんとう）が変更（へんこう）になることがあります。業務表（ぎょうむひょう）を確認（たしかめる）しながら業務（しごと）をおこなってください。

清掃（せいそう）
きれいにする

- ス→ス　毎週火曜日（まいしゅうかようび）の体操（たいそう）の時間（じかん）に、居室（きょしつ）の清掃（せいそう）をおこないます。
- ス→利　失礼（しつれい）します。これからおへやをきれいにしますね。
- 同　掃除（そうじ）

消毒（しょうどく）

- ス→利　新型（しんがた）コロナウイルスの病気（びょうき）が流行（はや）っています。外（そと）から帰（かえ）ったら手（て）はアルコールで消毒（しょうどく）しましょう。

disinfection　消毒　khử trùng　desinfeksi; sterilisasi

業務表（ぎょうむひょう）

- ス→ス　来週（らいしゅう）の業務表（ぎょうむひょう）を見（み）たら、月曜日（げつようび）が夜勤（やきん）になっていました。

~表　読み方（よみかた）：ヒョウ

献立表　朝食　昼食

日程表（にっていひょう）　献立表（こんだてひょう）　時間表（じかんひょう）

勤務表（きんむひょう）

確認（かくにん）
たしかめる

- ス→ス　熱（ねつ）がありそうなときは、体温（たいおん）を確認（かくにん）して看護師（かんごし）に伝（つた）えます。
- ス→家　入所（にゅうしょ）の書類（しょるい）がそろっているか確（たし）かめてからご連絡（れんらく）します。

業務（ぎょうむ）
しごと

- ス→ス　石井（いしい）さんの業務（ぎょうむ）は、デイサービスの送迎（そうげい）の車（くるま）の運転（うんてん）です。
- 利→ス　おそくまで仕事（しごと）して大変（たいへん）だね。きょうは何時（なんじ）までなの？

ユニット

18

仕事のことば

勤務	出勤	欠勤	日勤	夜勤	早番
きんむ	しゆっきん	けっきん	にっきん	やきん	はやばん
はたらく	しごとにいく／くる	しごとをやすむ			

遅番	当直
おそばん	とうちょく

※早番：6時半から15時半までの仕事

※遅番：12時半から21時半までの仕事

※日勤：8時半から17時半までの仕事

※夜勤：21時15分から朝の7時15分までの仕事

（ある施設の例です）

※当直：施設に泊まる

2．洗濯

 血液のついた 衣類 は、汚物用 の洗濯機で洗濯することに

なりました。清潔 なものと 不潔 なものの 区別 を 徹底 し

てください。

衣類
ふく

ス→家 短期入所なので、衣類は少しだけでけっこうです。

ス→利 山田さん、ちょっと寒くなりましたね。もう1枚服を着ましょうか。

汚物
きたないもの

ス→ス 汚物には手を触れないでください。

ス→利 中村さん、汚ないものがついていますから、その服にはさわらないでください。

112

<ruby>汚物用<rt>お ぶつよう</rt></ruby>　ス→ス　<ruby>吐<rt>は</rt></ruby>いたものを<ruby>拭<rt>ふ</rt></ruby>きとった<ruby>布<rt>ぬの</rt></ruby>は、<ruby>汚物用<rt>お ぶつよう</rt></ruby>の<ruby>器<rt>うつわ</rt></ruby>に<ruby>入<rt>い</rt></ruby>れてください。

～用　<ruby>読<rt>よ</rt></ruby>み<ruby>方<rt>かた</rt></ruby>：ヨウ
　　　<ruby>意味<rt>い み</rt></ruby>：～が／～のために<ruby>使<rt>つか</rt></ruby>う

<ruby>小学生用<rt>しょうがくせいよう</rt></ruby>の<ruby>本<rt>ほん</rt></ruby>

<ruby>会議用<rt>かい ぎ よう</rt></ruby>のへや　　<ruby>散歩用<rt>さん ぽ よう</rt></ruby>の<ruby>靴<rt>くつ</rt></ruby>

<ruby>清潔<rt>せいけつ</rt></ruby>
きれい
　ス→ス　<ruby>施設内<rt>し せつない</rt></ruby>は、いつでも<ruby>清潔<rt>せいけつ</rt></ruby>にしましょう。
　ス→利　タオルやハンカチはいつもきれいにしておきましょうね。

<ruby>不潔<rt>ふ けつ</rt></ruby>
きたない
　ス→ス　キッチンが<ruby>不潔<rt>ふ けつ</rt></ruby>にならないように、よく<ruby>注意<rt>ちゅう い</rt></ruby>してください。
　ス→利　<ruby>汚<rt>きたな</rt></ruby>いティッシュはすぐ<ruby>捨<rt>す</rt></ruby>てましょうね。

<ruby>区別<rt>く べつ</rt></ruby>
わける
　ス→ス　<ruby>外出用<rt>がいしゅつよう</rt></ruby>と<ruby>室内用<rt>しつないよう</rt></ruby>のはきものは<ruby>区別<rt>く べつ</rt></ruby>してください。
　ス→利　<ruby>靴下<rt>くつした</rt></ruby>は<ruby>夏用<rt>なつよう</rt></ruby>と<ruby>冬用<rt>ふゆよう</rt></ruby>とわけて<ruby>入<rt>い</rt></ruby>れておきます。

<ruby>徹底<rt>てってい</rt></ruby>
きちんと
　ス→ス　<ruby>感染予防<rt>かんせん よ ぼう</rt></ruby>のため、<ruby>手洗<rt>て あら</rt></ruby>い・うがいを<ruby>徹底<rt>てってい</rt></ruby>してください。
　ス→利　<ruby>外<rt>そと</rt></ruby>からもどったら、<ruby>手洗<rt>て あら</rt></ruby>い・うがいをきちんとしてくださいね。

ユニット18の<ruby>漢字<rt>かん じ</rt></ruby>のことば

<ruby>清掃<rt>せいそう</rt></ruby> きれいにする	<ruby>掃除<rt>そう じ</rt></ruby>	<ruby>消毒<rt>しょうどく</rt></ruby>	<ruby>業務表<rt>ぎょう む ひょう</rt></ruby>	<ruby>日程表<rt>にっていひょう</rt></ruby>	<ruby>献立表<rt>こんだてひょう</rt></ruby>
<ruby>時間表<rt>じ かんひょう</rt></ruby>	<ruby>勤務表<rt>きん む ひょう</rt></ruby>	<ruby>確認<rt>かくにん</rt></ruby> たしかめる	<ruby>業務<rt>ぎょう む</rt></ruby> しごと	<ruby>勤務<rt>きん む</rt></ruby> はたらく	<ruby>出勤<rt>しゅっきん</rt></ruby> しごとにいく／くる
<ruby>欠勤<rt>けっきん</rt></ruby> しごとをやすむ	<ruby>日勤<rt>にっきん</rt></ruby>	<ruby>夜勤<rt>や きん</rt></ruby>	<ruby>早番<rt>はやばん</rt></ruby>	<ruby>遅番<rt>おそばん</rt></ruby>	<ruby>当直<rt>とうちょく</rt></ruby>	<ruby>衣類<rt>い るい</rt></ruby> ふく
<ruby>汚物<rt>お ぶつ</rt></ruby> きたないもの	<ruby>汚物用<rt>お ぶつよう</rt></ruby>	<ruby>会議用<rt>かい ぎ よう</rt></ruby>	<ruby>散歩用<rt>さん ぽ よう</rt></ruby>	<ruby>清潔<rt>せいけつ</rt></ruby> きれい	<ruby>不潔<rt>ふ けつ</rt></ruby> きたない
<ruby>区別<rt>く べつ</rt></ruby> わける	<ruby>徹底<rt>てってい</rt></ruby> きちんと				

練習問題

問題1 勤務表を見て、（1）（2）に答えましょう。

	月		水		金	土	
マリ	日勤	当直	欠	早番	早番	欠	遅番
ポール	欠	日勤	遅番	早番	日勤	当直	欠

（1） 曜日の空いているところに、漢字を入れましょう。

（2） マリさんの仕事の日は何曜日ですか。休みは何曜日ですか。ひらがなで書きましょう。

仕事の日 （　　　　　　　　　　　　　　　　　　　　）

休みの日 （　　　　　　　　　　　　　　　　　　　　）

（3） ポールさんが夜、施設に泊まるのは何曜日ですか。　　（　　　　　　）

問題2 漢字の下に読み方を書きましょう。意味を下のa〜fから選んで（　　　　）に入れましょう。

衣	類

（　　　　）

汚	物

（　　　　）

消	毒

（　　　　）

徹	底

（　　　　）

確	認

（　　　　）

区	別

（　　　　）

> a．聞いたり、しらべたりして、たしかめる。
>
> b．しっかり、きちんとする。
>
> c．シャツやセーター、ズボンなど。
>
> d．吐いたものや便など、きたないもの。
>
> e．べつべつにして、わける。
>
> f．ばいきんがついているものを、アルコールや熱湯できれいにする。

114

（１）□に合う漢字をa～cから選んで入れましょう。

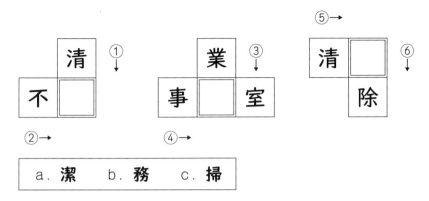

a. 潔　　b. 務　　c. 掃

（２）（１）で作ったことばの読み方を書きましょう。

① 【　　　　　　　】　② 【　　　　　　　　　　】　③ 【　　　　　　　　　　】

④ 【　　　　　　　】　⑤ 【　　　　　　　　　　】　⑥ 【　　　　　　　　　　】

問題4（　　　　　　）に合うことばをa～fから選んで入れましょう。

① 田中さんにきょうのおやつは何かと聞かれたので、（　　　　　）を見て、プリンと答えた。

② 血液がついた（　　　　　）は、（　　　　　）洗濯機で洗う。普通の洗濯物とは（　　　　　）するとの指示があった。

③ となりの施設でノロウィルス発生、ユニット内を（　　　　　）する。

a. 消毒　　b. 区別　　c. 衣類　　d. 汚物用　　e. 献立表

ユニット **18**

115

ユニット 19 褥瘡・浮腫

ウォーミングアップ

佐々木：ポールさん、鈴木さん、このごろどうですか。

ポール：日中 も寝ていることが多くなりましたね。

佐々木：それだと、床ずれが心配ですね。

　　　　こまめに体位交換をしてくださいね。

　　　　・・・・・・

ポール：足がむくんでいますね。

　　　　ベッドの足下を少し上げますね。

鈴木　：ありがとう。そのほうがいいみたい。

1．褥瘡

話す
ときの
ことば

看護師が 仙骨（せんこつ）の近くにできていた 褥瘡（じょくそう）（とこずれ）の 処置（しょち）（てあて）をしてい

ます。だいぶ 改善（かいぜん）（よくなる）しています。

褥瘡（じょくそう）
とこずれ

- ス→ス　褥瘡（じょくそう）を予防（よぼう）するために、2時間（じかん）ごとの体位交換（たいいこうかん）をおこないます。
- ス→利　床（とこ）ずれができないように、できるだけ寝返（ねがえ）りを多（おお）くしましょうね。

浮腫（ふしゅ）
むくみ

- ス→ス　吉田（よしだ）さんは、膝下（ひざした）から足首（あしくび）にかけて浮腫（ふしゅ）が見（み）られます。歩（ある）くのがおそくなっています。
- ス→利　吉田（よしだ）さん、足（あし）に少（すこ）しむくみがあります。病院（びょういん）でみてもらいましょう。

仙骨（せんこつ）
→p53

- ス→ス　仙骨（せんこつ）の近（ちか）くが褥瘡（じょくそう）になりやすいので、特（とく）に注意（ちゅうい）をしてください。

処置（しょち）
てあて

- ス→ス　加藤（かとう）さん、歯科（しか）へ行（い）って虫歯（むしば）の処置（しょち）をしてもらいました。
- ス→家　足（あし）の指（ゆび）に小（ちい）さいきずがあったので、薬（くすり）をぬって手当（てあ）てをしました。

改善（かいぜん）
よくなる

- ス→ス　木村（きむら）さんの足（あし）のはれは湿布（しっぷ）で改善（かいぜん）してきています。
- 利→ス　薬（くすり）をぬってもらって、きずはだいぶよくなったよ。

2. 浮腫

下腿（ふくらはぎ／すね）に浮腫があり、ベッド臥床（よこになる）時ギャッジアップして対応（あわせて～する）していますが、軽減（かるくする）見られません。

下腿 かたい ふくらはぎ／すね →p55	ス→ス	吉田さんは下腿にむくみがあるので、ベッドを少し高くしています。
	ス→利	吉田さん、ふくらはぎが痛いなら、サポーターをつけましょうか。
臥床 がしょう よこになる	ス→ス	山口さんは昼食後、少し頭痛がすると言って臥床しています。
	ス→利	山口さん、散歩で疲れましたか。少し横になりますか。
対応 たいおう あわせて～する	記録	歯の痛みの訴えに対応して、歯科の予約を入れた。
	ス→利	このごはんは、川本さんの体の調子に合わせて作った料理ですよ。
軽減 けいげん かるくする	ス→ス	田中さんは、家族の負担を軽減するために、短期入所の利用を決めました。
	ス→家	職員の仕事の負担を軽くするために、ロボットを入れました。

ユニット19の漢字のことば

褥瘡 じょくそう とこずれ	浮腫 ふしゅ むくみ	仙骨 せんこつ	処置 しょち てあて	改善 かいぜん よくなる	下腿 かたい ふくらはぎ／すね	臥床 がしょう よこになる
対応 たいおう あわせて～する	軽減 けいげん かるくする					

練習問題

問題1

（1）　a〜eは体のどこの部分ですか。a〜eから選んで（　　　　　）に入れましょう。
【　　　　　】に読み方を書きましょう。

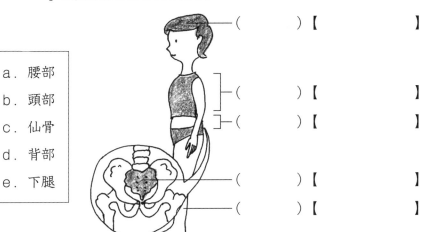

| a. 腰部 |
| b. 頭部 |
| c. 仙骨 |
| d. 背部 |
| e. 下腿 |

（　　　　）【　　　　　　　】

（　　　　）【　　　　　　　】

（　　　　）【　　　　　　　】

（　　　　）【　　　　　　　】

（　　　　）【　　　　　　　】

（2）　①〜④と同じ意味のことばを（1）のa〜eから選んで（　　　　　）に入れましょう。

①　ふくらはぎ（　　　　　）　　②　あたま（　　　　　）

③　せなか（　　　　　）　　④　こし（　　　　　）

問題2

（1）　漢字の下に読み方を書きましょう。

疼	痛

（　　　　）

褥	瘡

（　　　　）

浮	腫

（　　　　）

腫	脹

（　　　　）

（2）　（1）のことばと同じ意味のことばをa〜dから選んで（　　　　　）に入れましょう。

> a. とこずれ　　b. いたみ　　c. はれ　　d. むくみ

ユニット
19

119

問題3 【　　　　　】に読み方を書きましょう。□の中の（　　　　　）に合うことば
を①〜④から選んで入れましょう。

① 軽減【　　　　　】　　② 改善【　　　　　】

③ 処置【　　　　　】　　④ 対応【　　　　　】

> a．すりきずの（　　　　　）をする。
> b．不満の 訴えに（　　　　　）する。
> c．職場の環境を（　　　　　）する。
> d．薬で痛みが（　　　　　）した。

問題4 （　　　　　）に合うことばをa〜gから選んで入れましょう。

① 山田さん、（　　　　　）の近くの皮膚に 直径5cmぐらいの発赤（赤い部分）が
見られ、医師に連絡。初期の（　　　　　）と診断され、看護師が（　　　　　）を
おこなう。チームリーダーから1時間おきの体位交換の指示がある。最近山田
さんはレクリエーションにも参加せず、（　　　　　）時間が長くなっていた。

② 佐藤さん、パット交換時に、（　　　　　）の（　　　　　）に気がついた。足をさすっ
てあげると気持ちがいいと言われた。看護師に連絡、タオルで足を高くするよ
うに指示がある。明日（　　　　　）がなければ医師に伝えるとのこと。

> a．臥床　　b．浮腫　　c．仙骨　　d．褥瘡
> e．処置　　f．両下腿　　g．軽減

ユニット **20** 夜間

ウォーミングアップ

ポール：さあ、お薬ですよ。

山田　：はい、ありがとう。

ポール：ゆっくり休んでくださいね。

・・・・・・

ポール：山田さん、お呼びですか。

山田　：ちっとも寝つかれなくてねー。

ポール：そうですか。お水を1杯飲んでみましょうか。今持ってきますからね。

1. 睡眠

20:00　**眠剤**　服用し、しばらく痰がらみあり。21:30

就寝　し、朝まで　**熟睡**　する。

夜間（やかん／よる）
- ス→ス　田中さんは、夜間に1度はトイレに起きます。
- ス→利　きのうの夜、施設の近くで火事があったようです。

睡眠（すいみん／ねる）
- 記録　山田さん睡眠不足で頭が重いとのこと。
- 利→ス　ゆうべ十分寝たから、頭がすっきりしてるよ。

〜眠
読み方：ミン
意味：眠る

安眠（あんみん）　不眠（ふみん）　傾眠（けいみん）

良眠（りょうみん）

眠剤（みんざい／ねむれるくすり）
- ス→ス　鈴木さん、眠れないというので、医師に眠剤を処方してもらいました。
- ス→利　鈴木さん、眠れませんか。看護師さんに、眠れるお薬を出してもらいましょうか。
- 同　睡眠剤（すいみんざい）　入眠剤（にゅうみんざい）

就寝（しゅうしん／ねる）
- ス→ス　佐藤さん、昨夜は10時に就寝しました。
- ス→利　松本さん、ゆうべは何時に寝ましたか。

熟睡（じゅくすい／よくねる）
- 記録　松本さん、昼間の疲れで昨夜は熟睡したとのこと。
- ス→利　松本さん、ゆうべはよく寝ていましたね。布団を直しても起きませんでしたね。

2. 巡回

話す ときの ことば

消灯後、巡回するたびに目を開けており、眠れないようでした。昼間のご家族の訪問の興奮がのこっているようです。

巡回
まわる

[ス→ス] 夜間に居室を巡回するときは、寝ている人を起こさないように気をつけましょう。

[ス→利] ゆうべへやを回っているとき、鈴木さんはまだ起きていましたね。

消灯
でんきがきえる

[ス→ス] このフロアーの消灯は9時です。その前に戸締りをチェックしておきましょう。

[ス→利] 9時になると、この階の電気はぜんぶ消えます。

訪問
たずねる

[記録] 要介護1の川野さんの自宅を訪問、買い物と食事準備の支援。

[ス→利] きょうは午後3時に、お訪ねします。

訪	読み方：ホウ　　意味：会いに行く
	来訪　　訪室

興奮
きぶんがたかまる

[ス→ス] 中村さんはサッカーを見ながら興奮して大声で叫んでいます。

[利→ス] ドラマを見てるうちに気分が高まって、泣いちゃった。

ユニット20の漢字のことば

夜間 よる	睡眠 ねる	安眠	不眠	良眠	眠剤 ねむれるくすり	睡眠剤

就寝 ねる	熟睡 よくねる	巡回 まわる	消灯 でんきがきえる	訪問 たずねる	興奮 きぶんがたかまる

練習問題

問題1

（1）　漢字の下に読み方を書きましょう。

a.	b.	c.	d.
消 灯	巡 回	夜 間	就 寝

（2）　（1）のa～dから絵に合うことばを探して、（　　　　）に記号を書きましょう。

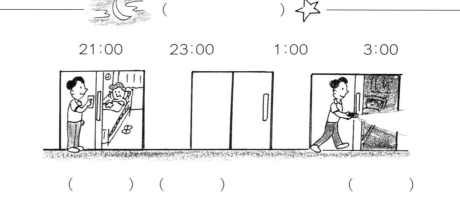

21:00　　　23:00　　　1:00　　　3:00

（　　　　）　（　　　　）　　　　　　（　　　　）

問題2　【　　　　】に読み方を書きましょう。意味をa～dから選んで（　　　）に入れましょう。

① 興奮【　　　　　　　】（　　　　）

② 睡眠【　　　　　　　】（　　　　）

③ 熟睡【　　　　　　　】（　　　　）

④ 眠剤【　　　　　　　】（　　　　）

---

a．深くねむる。ぐっすりねむる。

b．ねむれるようになる薬

c．うれしいことやこわいことがあったりして、気分が高まったりどきどきしたりする。

d．ねむる。

124

問題3 下の漢字を組み合わせて、たくさんことばを作りましょう。いくつ作れますか。

訪　睡　眠　室　来　剤　問　下　安

問題4 （　　　　　）に合うことばをa～iから選んで入れましょう。

① Aさんは「最近、夜眠れない」と（　　　　　）を訴えたため、医師に相談し、昨夜、初めて（　　　　　）前に（　　　　　）を服用しました。11時には、穏やかな寝息が聞こえ、（　　　　　）しているようすでした。

② （　　　　　）後、Bさんがひとりで歩き回っていました。昼間のお孫さんの（　　　　　）で（　　　　　）して眠れないとのこと。居室でしばらくお話をしたところ、「なんだか眠くなってきた。」と言われ、10分ほどで寝つかれました。

a. 夜間	b. 興奮	c. 熟睡	d. 眠剤　　e. 消灯
f. 巡回	g. 不眠	h. 就寝	i. 訪問

索引

さくいん

あ

あし　足		50, 55
あしのうら　足のうら		50, 55
あしのこう　足の甲		54
あしゆ　足湯		81
あたま　頭		54, 64
あぶない　危ない		65
あるく　歩く		59
あんせい　安静		39
あんていざい　安定剤		83
あんみん　安眠		122

い

い　胃	34
いこう　意向	103
いざい　椅座位	72
いし　医師	32, 106
いしき　意識	77
いじょう　異常	3
いじょう　移乗	18
いたい／いたみ　痛い／痛み	69
いちぶかいじょ　一部介助	77
いっぱんよく　一般浴	81
いどう　移動	18
いねむり　居眠り	76
イベント	95
いむしつ　医務室	18, 20
いらい　依頼	65
いる	51
いるい　衣類	112
いれば　入れ歯	12
いんせい　陰性	33
いんぶ　陰部	26, 54

う

うつ　打つ	64
うつぶせ	70
うで　腕	55

え

えいがかんしょうかい　映画鑑賞会	96
えいようし　栄養士	106
えきか　腋窩	54
えんげ　嚥下	13

お

おうと　嘔吐	39
おかず	7
おかん　悪寒	44
おきる　起きる	3
おしっこ	25
おしょうすい　お小水	25
おしり　お尻	55
おそばん　遅番	112
おっと　夫	88
おなか	54
おぶつ　汚物	112
おぶつよう　汚物用	113
おふろ	81
おやつ	7
おわる　終わる	83
おんがくかい　音楽会	96

か

がい　臥位	72
かいぎ　会議	104
かいぎよう　会議用	113
がいきよく　外気浴	96
かいご　介護	51
かいごしえんせんもんいん　介護支援専門員	106
かいごふくしし　介護福祉士	106
がいしゅつじ　外出時	87
かいじょ　介助	7
かいしょう　解消	27
がいしょう　外傷	64
かいぜん　改善	117
かかと	50, 55
かくせい　覚醒	77
かくにん　確認	111
かし　下肢	50, 55
がしょう　臥床	118
かたい　下腿	55, 118
かっき　活気	45
かつどう　活動	45
かっぱつ　活発	45
かつりょく　活力	45
かのう　可能	59, 76
かはんしん　下半身	25, 55, 95
かむ	13
がんか　眼科	89
かんきのう　肝機能	32

かんげざい　緩下剤　　　　　　　　24
かんごし　看護師　　　　　　　　106
かんさつ　観察　　　　　　　　　40
かんしょく　間食　　　　　　　　7
かんしょく　完食　　　　　　　　7
かんせつ　関節　　　　　　　　　95
かんせつえん　関節炎　　　　　　69
かんせつかどういきくんれん
　　関節可動域訓練　　　　　　　60
かんぞう　肝臓　　　　　　　32, 34
かんそく　患側　　　　　　　　　59
かんちょう　浣腸　　　　　　　　24
カンファレンス　　　　　　　　　104

き
きかいよく　機械浴　　　　　　　81
きがえ　着がえ　　　　　　　　　25
きかん　気管　　　　　　　　　　34
きかんし　気管支　　　　　　　　34
きかんしえん　気管支炎　　　　　70
ききょどうさくんれん　起居動作訓練　60
きけん　危険　　　　　　　　　　65
きげん　機嫌　　　　　　　　　　96
ぎし　義歯　　　　　　　　　　　12
きしょう　起床　　　　　　　　　3
きのう　機能　　　　　　　　　　13
きのうくんれん　機能訓練　　　　60
きのうくんれんしつ　機能訓練室　20
きぶん　気分　　　　　　　　19, 96
きぶんてんかん　気分転換　　　　19
きゅういん　吸引　　　　　　　　77
ぎょうがい　仰臥位　　　　　　　72
きょうこつ　胸骨　　　　　　　　53
ぎょうじ　行事　　　　　　　　　95
きょうつい　胸椎　　　　　　　　53
きょうぶ　胸部　　　　　　　　　54
ぎょうむ　業務　　　　　　　　　111
ぎょうむひょう　業務表　　　　　111
きょしつ　居室　　　　　　　　18, 20
きんむ　勤務　　　　　　　　　　112
きんむひょう　勤務表　　　　　　111
きんりょく　筋力　　　　　　　　60

く
くび　首　　　　　　　　　　　　55
くぶん　区分　　　　　　　　　　103
くべつ　区別　　　　　　　　　　113

くんれん　訓練　　　　　　　　　60

け
ケアマネージャー　　　　　　　　106
ケアプラン　　　　　　　　　　　102
けいか　経過　　　　　　　　　　44
けいかくしょ　計画書　　　　　　102
けいげん　軽減　　　　　　　　　118
けいこつ　脛骨　　　　　　　　　53
けいちょう　傾聴　　　　　　　　19
けいつい　頸椎　　　　　　　　　53
けいぶ　頸部　　　　　　　　　　55
けいみん　傾眠　　　　　　　76, 122
けいろう　敬老　　　　　　　　　97
けが　　　　　　　　　　　　　　64
げきつう　激痛（劇痛）　　　　　69
げざい　下剤　　　　　　　　24, 83
けつあつ　血圧　　　　　　　　　3
けつえき　血液　　　　　　　　　31
けっか　結果　　　　　　　　　　31
けっかん　血管　　　　　　　　　31
けっきん　欠勤　　　　　　　　　112
けったん　血痰　　　　　　　　　31
けっとうち　血糖値　　　　　　　31
げねつ　解熱　　　　　　　　　　44
げねつざい　解熱剤　　　　　　　83
げり　下痢　　　　　　　　　　　26
けんおん　検温　　　　　　　　　44
げんかん　玄関　　　　　　　19, 20
けんこうこつ　肩甲骨　　　　　53, 81
げんごちょうかくし　言語聴覚士　106
けんさ　検査　　　　　　　　　　31
けんさけっか　検査結果　　　　　31
けんそく　健側　　　　　　　　　59

こ
ごいん　誤飲　　　　　　　　　　12
こうい　更衣　　　　　　　　　　25
こうかん　交換　　　　　　　　　26
こうくう　口腔　　　　　　　　　12
こうくうない　口腔内　　　　　　12
こうしゅく　拘縮　　　　　　　　95
こうじょうせん　甲状腺　　　　　34
こうとうぶ　後頭部　　　　　　　55
こうないえん　口内炎　　　　　　70
こうねつ　高熱　　　　　　　　　45
こうふん　興奮　　　　　　　　　123

索引き

127

こうもん　肛門	35	
ごえん　誤嚥	12	
ごえんせいはいえん　誤嚥性肺炎	12	
こかんせつ　股関節	53	
こし　腰	55, 70	
こしつ　個室	33	
こっせつ　骨折	50	
このごろ	8	
ころぶ　転ぶ	64	
こんだてひょう　献立表	111	

さ

ざい　座位	72
さいきん　最近	8
さいけつ　採血	32
さいご　最後	8
さいこう　最高	8
さいしょ　最初	8
ざいたくふっき　在宅復帰	105
さいてい　最低	8
さぎょうりょうほうし　作業療法士	106
さこつ　鎖骨	53
ざこつ　坐骨	53
さむけ　寒気	44
さんか　参加	95
ざんぞんきのうくんれん　残存機能訓練	32
さんぽよう　散歩用	113

し

しか　歯科	89
じかく　自覚	26
じかんひょう　時間表	111
しごと　仕事	111
しじ　指示	32
じじょ　次女	88
しせつ　施設	96
じそう　自操	65
じそう　自走	65
じたく　自宅	51
しつう　歯痛	69
しつがいこつ　膝蓋骨	53
しつかんせつ　膝関節	53
じっさい　実際	13
じっし　実施	40
しつない　室内	18
しっぱい　失敗	24, 26
しどういん　指導員	105

じむしつ　事務室	18, 20
しめい　氏名	103
しゃっこつ　尺骨	53
しゅうし　終始	96
しゅうしん　就寝	122
しゅうりょう　終了	83
じゅくすい　熟睡	122
しゅじゅつ　手術	50
しゅじゅつご　手術後	82
しゅしょう　手掌	54
しゅしょく　主食	7
じゅしん　受診	31
じゅしんじ　受診時	87
しゅちょう　腫脹	69
しゅっきん　出勤	112
しゅっけつ　出血	31, 50
しゅっせきしゃ　出席者	104
しゅはい　手背	54
しゅよく　手浴	81
じゅんかい　巡回	123
じょうし　上肢	55
じょうたい　状態	45
しょうちょう　小腸	34
しょうとう　消灯	123
しょうどく　消毒	111
じょうはんしん　上半身	25, 55, 95
しょうぶ　踵部	50, 55
しょうべん　小便	24, 25
しょうりょう　少量	26
しょうわ　昭和	102
じょうわん　上腕	54, 81
じょうわんこつ　上腕骨	53
しょくご　食後	87
しょくじりょう　食事量	76
しょくぜん　食前	87
じょくそう　褥瘡	117
しょくどう　食堂	20
しょくどう　食道	34
しょくよく　食欲	8
しょち　処置	117
しょどう　書道	96
じりき　自力	4
じりつしえん　自立支援	105
しりょくけんさ　視力検査	31
しんかぶ　心窩部	54
じんきのう　腎機能	32
しんさつ　診察	69

しんぞう　心臓　　　　　　　　31, 34
じんぞう　腎臓　　　　　　　　35
しんだん　診断　　　　　　　　71
しんねんかい　新年会　　　　　97

す

すいぞう　膵臓　　　　　　　　35
すいとる　吸い取る　　　　　　77
すいぶん　水分　　　　　　　　45
すいぶんほきゅう　水分補給　　45
すいほう　水疱　　　　　　　　12
すいみん　睡眠　　　　　　　　122
すいみんざい　睡眠剤　　　　　122
すうち　数値　　　　　　　　　32
ずがい（こつ）　頭蓋（骨）　　53
ずつう　頭痛　　　　　　　　　69
すね　　　　　　　　　　　　　55, 118

せ

せいかつ　生活　　　　　　　　45
せいけいげか　整形外科　　　　89
せいけつ　清潔　　　　　　　　113
せいしき　清拭　　　　　　　　82
せいじょう　正常　　　　　　　3
せいそう　清掃　　　　　　　　111
せいねんがっぴ　生年月日　　　102
せきつい　脊椎　　　　　　　　53
せっしゅ　摂取　　　　　　　　7
せつぶん　節分　　　　　　　　97
せつめい　説明　　　　　　　　14
せなか　背中　　　　　　　　　55, 70
ぜんかいじょ　全介助　　　　　77
せんがん　洗顔　　　　　　　　4
ぜんけい　前傾　　　　　　　　60
せんこつ　仙骨　　　　　　　　53, 117
せんじょう　洗浄　　　　　　　27
せんたくき　洗濯機　　　　　　4
せんたくしつ　洗濯室　　　　　20
せんぱつ　洗髪　　　　　　　　4
せんめんき　洗面器　　　　　　4
ぜんりょう　全量　　　　　　　7
ぜんわん　前腕　　　　　　　　54

そ

そうじ　掃除　　　　　　　　　111
そくがい　側臥位　　　　　　　72
そくてい　測定　　　　　　　　3

そくてい　足底　　　　　　　　50, 55
そくはい　足背　　　　　　　　54
そくよく　足浴　　　　　　　　81
そけいぶ　鼠径部　　　　　　　54
そしゃく　咀嚼　　　　　　　　13
そふ　祖父　　　　　　　　　　88
そぼ　祖母　　　　　　　　　　88

た

たいいこうかん　体位交換　　　26
たいいんご　退院後　　　　　　82
たいおう　対応　　　　　　　　118
たいおん　体温　　　　　　　　3
たいかん　体幹　　　　　　　　55
たいしょう　大正　　　　　　　102
たいそう　体操　　　　　　　　13
だいたい　大腿　　　　　　　　55
だいたいこつ　大腿骨　　　　　51, 53
だいたいこつけいぶ　大腿骨頸部　53
だいたいこつけいぶこっせつ
　　大腿骨頸部骨折　　　　　50
たいちょう　体調　　　　　　　8
だいちょう　大腸　　　　　　　34, 35
だいべん　大便　　　　　　　　24
だついじょ　脱衣所　　　　　　20, 64
だぼく　打撲　　　　　　　　　64
たりょう　多量　　　　　　　　26
たんきもくひょう　短期目標　　105
だんさ　段差　　　　　　　　　64
たんざい　端座位　　　　　　　18, 72
だんしょう　談笑　　　　　　　88
たんじょうかい　誕生会　　　　95, 96
たんじょうび　誕生日　　　　　102
たんとう　担当　　　　　　　　104
たんのう　胆のう　　　　　　　34

ち

ち　血　　　　　　　　　　　　31
ちこつ　恥骨　　　　　　　　　53
ちち　父　　　　　　　　　　　88
ちゅうい　注意　　　　　　　　65
ちゅうかんせつ　肘関節　　　　53
ちゅうし　中止　　　　　　　　39
ちゅうしょく　昼食　　　　　　7
ちゅうしょくじ　昼食時　　　　87
ちょうきもくひょう　長期目標　105
ちょうじょ　長女　　　　　　　87, 88

ちょうしょく　朝食　　　　　　　　7
ちょうしょくご　朝食後　　　　　　82
ちょうなん　長男　　　　　　　87, 88

つ
つま　妻　　　　　　　　　　　　88

て
てあて　手当て　　　　　　　　117
ていか　低下　　　　　　　　　　76
てきべん　摘便　　　　　　　　　24
てってい　徹底　　　　　　　　113
てのこう　手の甲　　　　　　　　54
てのひら　手のひら　　　　　　　54
てよく　手浴　　　　　　　　　　81
てんかん　転換　　　　　　　　　19
てんてき　点滴　　　　　　　　　40
てんとう　転倒　　　　　　　　　64
でんぶ　殿部（臀部）　　　　　　55
てんらく　転落　　　　　　　　　64

と
とうがい（こつ）　頭蓋（骨）　　53
とうこつ　橈骨　　　　　　　　　53
とうちょく　当直　　　　　　　112
とうつう　疼痛　　　　　　　　　69
とうぶ　頭部　　　　　　　　54, 64
とけつ　吐血　　　　　　　　　　39
とこずれ　床ずれ　　　　　　　117
とふ　塗布　　　　　　　　　　　71
とぶつ　吐物　　　　　　　　　　39

な
ないか　内科　　　　　　　　　　89
ないしゅっけつ　内出血　　　　　50
ないしょ　内緒　　　　　　　　　87
ないぞう　内臓　　　　　　　31, 34
ないふくやく　内服薬　　　　70, 83
ないよう　内容　　　　　　　　105
なっとく　納得　　　　　　　　　14
なまえ　名前　　　　　　　　　103
なんこう　軟膏　　　　　　　　　71
なんべん　軟便　　　　　　　　　26

に
にっきん　日勤　　　　　　　　112
にっこうよく　日光浴　　　　　　96

にっちゅう　日中　　　　　　　　18
にっていひょう　日程表　　　　111
にのうで　二の腕　　　　　　54, 81
にゅうみんざい　入眠剤　　83, 122
にゅうよく　入浴　　　　　　　　81
にゅうよくご　入浴後　　　　　　82
にゅうよくじ　入浴時　　　　　　87
にょう　尿　　　　　　　　　　　25
にょうい　尿意　　　　　　　　　25
にょうけんさ　尿検査　　　　　　31
にょうしっきん　尿失禁　　　　　26
にょうそく　尿測　　　　　　　　25
にょうりょう　尿量　　　　　　　25
にんちきのう　認知機能　　　　　32

ぬ
ぬりぐすり　塗り薬　　　　　　　71
ぬる　　　　　　　　　　　　　　71

ね
ねつかん　熱感　　　　　　　　　69

の
のう　脳　　　　　　　　　　　　34
のみぐすり　飲み薬　　　　　　　70
のみこむ　飲み込む　　　　　　　13

は
はい　肺　　　　　　　　　　　　34
はいえん　肺炎　　　　　　　　　70
はいきのう　肺機能　　　　　　　32
はいく　俳句　　　　　　　　　　96
はいしゃ　歯医者　　　　　　　　89
はいせつ　排泄　　　　　　　　　24
はいにょう　排尿　　　　　　　　25
はいぶ　背部　　　　　　　　55, 70
はいべん　排便　　　　　　　　　24
はかる　測る　　　　　　　　　　3
はく　吐く　　　　　　　　　　　39
はたらき　働き　　　　　　　　　13
はっかん　発汗　　　　　　　　　71
はっしん　発疹　　　　　　　　　71
パットこうかん　パット交換　　　26
はつねつ　発熱　　　　　　　44, 71
はつびょう　発病　　　　　　　　71
はなびたいかい　花火大会　　　　97
はは　母　　　　　　　　　　　　88

はやばん　早番　112
はれ　69
はんてい　判定　52

ひ

ひかしゅっけつ　皮下出血　50
ひこつ　腓骨　53
びこつ　尾骨　53
ひぞう　脾臓　35
ひだりかたまひ　左片麻痺　59
ひつよう　必要　51
ひとりべや　33
びねつ　微熱　45
ひょうじょう　表情　82
ひるま　昼間　18
ひんにょう　頻尿　25

ふ

ふあんてい　不安定　60
ふかい　不快　64, 76
ふかのう　不可能　59, 76
ふくがい　腹臥位　70, 72
ふくしょく　副食　7
ふくじん　副腎　35
ふくつう　腹痛　69
ふくぶ　腹部　54
ふくやく　服薬　32, 83
ふくよう　服用　24, 32
ふくらはぎ　55, 118
ふけつ　不潔　113
ふざい　不在　89
ふしゅ　浮腫　117
ふじゆう　不自由　76
ふせぐ　防ぐ　13
ふそく　不足　76
ぶぶんよく　部分浴　81
ふまん　不満　76
ふみん　不眠　122

へ

へいせい　平成　102
へいねつ　平熱　45
べんい　便意　24
べんき　便器　24
へんこう　変更　32
べんざ　便座　24
べんしっきん　便失禁　26

べんぴ　便秘　24

ほ

ぼうこう　膀胱　35
ぼうし　防止　13
ほうしつ　訪室　18, 123
ほうたい　包帯　50
ぼうねんかい　忘年会　97
ほうもん　訪問　123
ほきゅう　補給　45
ほご　保護　51
ほこう　歩行　59
ほこうくんれん　歩行訓練　60
ほしつざい　保湿剤　82
ほじょぐ　補助具　45, 105
ほそく　補足　45
ほちょうき　補聴器　45
ほっさ　発作　71
ほっしん　発疹　71
ほっせき　発赤　71
ぽつぽつ　71
ぼんおどり　盆踊り　97
ほんにん　本人　88

ま

まえうで　前腕　54
まえかがみ　前かがみ　60
まご　孫　88

み

ミーティング　104
みぎかたまひ　右片麻痺　59
みずぶくれ　水ぶくれ　12
みぞおち　54
みゃくはく　脈拍　3
みんざい　眠剤　122

む

むくみ　117
むすこ　息子　88
むすめ　娘　88
むね　胸　54

め

めいしゃ　89
めんかい　面会　87

も

もも　　　　　　　　　　　　　　55

や

やかん　夜間　　　　　　　　　122
やきん　夜勤　　　　　　　　　112
やめる　　　　　　　　　　　　39

ゆ

ゆうしょく　夕食　　　　　　　7
ゆぶね　湯船　　　　　　　　　81

よ

ようかいご　要介護　　　　51, 52
ようしえん　要支援　　　　　　52
ようす　様子　　　　　　　40, 45
ようすかんさつ　様子観察　　　40
ようせい　陽性　　　　　　　　33
ようつい　腰椎　　　　　　　　53
ようつう　腰痛　　　　　　　　69
ようぶ　腰部　　　　　　　55, 70
よくしつ　浴室　　　　　　20, 81
よくじょう　浴場　　　　　　　81
よくそう　浴槽　　　　　　　　81
よる　夜　　　　　　　　　　　122

ら

らいほう　来訪　　　　　　87, 123

り

りがくりょうほうし　理学療法士　106
りしょう　離床　　　　　　　　3
りつい　立位　　　　　　　　　72
りようしゃ　利用者　　　　　　102
りょうみん　良眠　　　　　　　122

れ

れいわ　令和　　　　　　　　　102
レベル　　　　　　　　　　　103
れんらく　連絡　　　　　　　　89

ろ

ろうどく　朗読　　　　　　　　96
ろっこつ　肋骨　　　　　　　　53

わ

わきのした　わきの下　　　　　54

著者

にほんごの会企業組合

執筆

遠藤織枝・島田啓子・宿谷和子・天坊千明・真殿直子・宮原千枝子

執筆協力

神村初美・堀内貴子・吉永尚

翻訳

英語　スリーエーネットワーク　　　　　　　中国語　徐前

ベトナム語　ベトナムトレーディング株式会社　　インドネシア語　Henry Meta Fadilah

イラスト

阿部朝子

装丁・本文デザイン

山田武

上下ルビで学ぶ　介護の漢字ことば

2021年5月13日　初版第1刷発行

著　者　　にほんごの会企業組合
発行者　　藤嵜政子
発　行　　株式会社スリーエーネットワーク
　　　　　〒102-0083　東京都千代田区麹町3丁目4番
　　　　　　　　　　　トラスティ麹町ビル2F
　　　　　電話　営業　03（5275）2722
　　　　　　　　編集　03（5275）2725
　　　　　https://www.3anet.co.jp/
印　刷　　萩原印刷株式会社

上下ルビで学ぶ

介護の
漢字ことば

別冊

練習問題
解答

スリーエーネットワーク

練習問題　解答

ユニット1

問題1

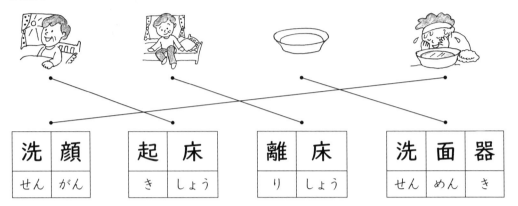

洗	顔
せん	がん

起	床
き	しょう

離	床
り	しょう

洗	面	器
せん	めん	き

問題2

問題3　①【そくてい】（c）　②【いじょう】（d）　③【せんぱつ】（a）
④【じりき】（b）

問題4　①e　d　c　b　　②a　f

ユニット2

問題1

（1）　①b　②c　③d　④a

（2）　①ちょうしょく　②ちゅうしょく　③かんしょく　④ゆうしょく　⑤しゅしょく
⑥ふくしょく

（3）　鶏肉の照り焼き、かぼちゃの煮つけ、サラダ

（4）　b　c　d

問題2

（1）

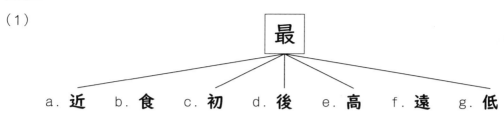

最

a.近　b.食　c.初　d.後　e.高　f.遠　g.低

（2）①g.さいてい　②a.さいきん　③c.さいしょ　d.さいご

問題3　①b　a　d　g　e　②c　f

ユニット3

問題1

（1） a.

防	止
ぼう	し

b.

納	得
なっ	とく

c.

説	明
せつ	めい

d.

体	操
たい	そう

（2）①c　②b　③d　④a

問題2　①【ぎし】（c）　②【こうくう】（d）　③【すいほう】（b）　④【ごいん】（a）

問題3　①b　d　e　②f　g　③a　c

ユニット4

問題1

（1） a.移　　b.室　　c.傾

けい　　しつ　　い

（2）①訪（b.室）【ほうしつ】　②（a.移）乗【いじょう】

　　③（a.移）動【いどう】　④（c.傾）聴【けいちょう】

もんだい
問題2

端	座	位
たん	ざ	い

（a）

もんだい
問題3　① (d)【しょくどう】　② (a)【げんかん】　③ (e)【きょしつ】

④ (b)【じむしつ】　⑤ (c)【いむしつ】

もんだい
問題4　① e　h　g　② b　③ c　a　④ f　d

ユニット5

もんだい
問題1

（1）　a.

便	秘
べん	ぴ

b.

尿	失	禁
にょう	しっ	きん

c.

排	便
はい	べん

d.

洗	浄
せん	じょう

（2）　① a　② c　③ b　④ d

もんだい
問題2　①【べんぴかいしょう】c　②【シーツこうかん】b　③【こうい】b

④【じかくなし】b

もんだい
問題3　① a　b　d　② c

もんだい
問題4　g　e　b　a　f　c　d

ユニット6

問題1　① (a)【けつえき】　② (b)【こしつ】　③ (b)【ふくやく】
④ (b)【じゅしん】　⑤ (b)【へんこう】

問題2

（1）
a.	
結	果
けっ	か

b.	
陽	性
よう	せい

c.	
陰	性
いん	せい

d.		
血	糖	値
けっ	とう	ち

（2）　①b　②d　③a　④c

問題3

胃（d）【い】

心臓（b）【しんぞう】

肝臓（c）【かんぞう】

肺（a）【はい】

問題4　①b　e　　②c　d　　③g　f　a

ユニット7

問題1　①b　②c　③a

問題2　①【おうと】　②【てんてき】　③【ようすかんさつ】

問題3　①【ちゅうし】（c）　②【あんせい】（b）　③【じっし】（a）

問題4　①b　②a

問題5　①b　d　　②a　c

ユニット8

問題1

(1)　a.

③補	助
ほ	じょ

　　b.

①活	気
かっ	き

　　c.

状	②態
じょう	たい

(2)　①b　②c　③a

問題2　①（c）【けいかんさつ】　②（e）【けんおん】　③（b）【おかん】

　　④（d）【はつねつ】　⑤（a）【げねつ】

問題3　a.【ほちょうき】　b.【すいぶんほきゅう】　c.【こうねつ】　d.【へいねつ】

　　e.【せいかつ】　f.【びねつ】

　　①d　②f　③c　④a　⑤e　⑥b

問題4　①g　e　a　d　h　　②b　c　　③f

ユニット9

問題1　a.④【かし】　b.③【だいたいこつ】　c.①【ほうたい】　d.②【そくてい】

問題2

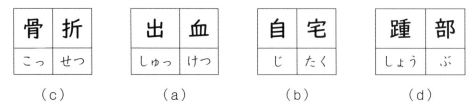

骨	折
こっ	せつ

（c）

出	血
しゅっ	けつ

（a）

自	宅
じ	たく

（b）

踵	部
しょう	ぶ

（d）

問題3　①b　②d　③c　④a

　　a.【はんてい】　b.【ほご】　c.【ひつよう】　d.【しゅじゅつ】

問題4　①d　a　　②c　b

ユニット10

問題1　①a　②d　③b　④c

問題2

歩	行
ほ	こう

（c）

前	傾
ぜん	けい

（d）

筋	力
きん	りょく

（b）

機	能	訓	練
き	のう	くん	れん

（a）

問題3　①【あんてい】⇔（b）【ふあんてい】　②【けんそく】⇔（c）【かんそく】

③【みぎかたまひ】⇔（a）【ひだりかたまひ】

問題4　①f　b　②d　c　e　③a

ユニット11

問題1

（1）

e. 脱	a. 衣	c. 所
だつ	い	じょ

d. 段	b. 差
だん	さ

（2）

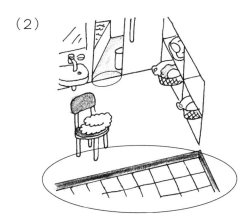

問題2

（1） a.

危	険
き	けん

b.

注	意
ちゅう	い

c.

転	倒
てん	とう

d.

不	快
ふ	かい

（2） ①d ②c ③a ④b

問題3 ①【だぼく】（c） ②【がいしょう】（f） ③【じそう】（b）

④【てんらく】（d） ⑤【いらい】（a） ⑥【とうぶ】（e）

問題4 ①h c e b a ②g d f （g f d）

ユニット12

問題1

（1）

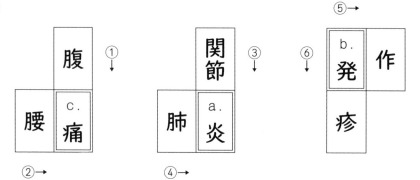

⑤→

b. 発 作

腹 ①↓ 関節 ③↓ ⑥↓ 発 疹

腰 c. 痛 ②→ 肺 a. 炎 ④→

（2） ①【ふくつう】 ②【ようつう】 ③【かんせつえん】 ④【はいえん】

⑤【ほっさ】 ⑥【はっしん／ほっしん】

問題2 ①【ないふくやく】（c） ②【とうつう】（e） ③【かんせつえん】（b）

④【はっしん／ほっしん】（a） ⑤【しゅちょう】（d）

問題3

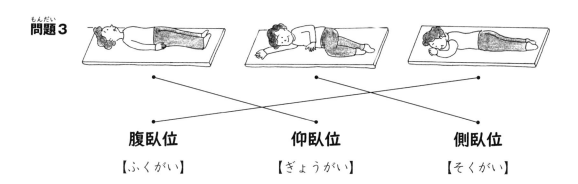

腹臥位　　　　　仰臥位　　　　　側臥位

【ふくがい】　　【ぎょうがい】　　【そくがい】

問題4　①e　c　d　b　　②g　f　h　a

ユニット13

問題1

移乗介助　　　　食事介助　　　　排泄介助

【いじょうかいじょ】　【しょくじかいじょ】　【はいせつかいじょ】

問題2　①【けいみん】（b）　②【きゅういん】（c）　③【ふかのう】（d）

④【しょくじりょう】（a）

問題3

（1）　a.　　　　　　b.　　　　　　c.　　　　　　d.

意	識
い	しき

不	足
ふ	そく

低	下
てい	か

覚	醒
かく	せい

（2）　①d　②b　③a　④c

問題4　①e　d　b　a　　②c

ユニット14

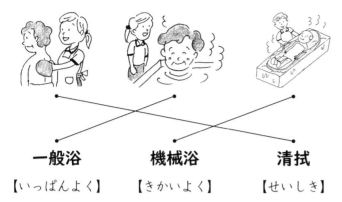

一般浴　　　　　機械浴　　　　　　清拭

【いっぱんよく】　【きかいよく】　　　【せいしき】

もんだい
問題2

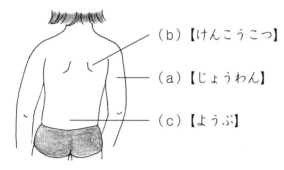

（b）【けんこうこつ】

（a）【じょうわん】

（c）【ようぶ】

もんだい
問題3　①【にゅうよく】（c）　②【ひょうじょう】（d）　③【げねつざい】（e）

④【よくそう】（b）　⑤【よくしつ】（a）

もんだい
問題4　①e　c　　②a　f　　③d　b

ユニット15

問題1

受	診	時
じゅ	しん	じ

面	会
めん	かい

食	前
しょく	ぜん

食	後
しょく	ご

入	浴	時
にゅう	よく	じ

問題2 ①【れんらく】（f） ②【ふざい】（c） ③【だんしょう】（d）

④【らいほう】（a） ⑤【ちゅうしょくじ】（b） ⑥【ないしょ】（e）

問題3

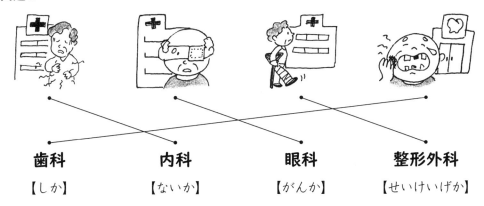

歯科 **内科** **眼科** **整形外科**

【しか】 【ないか】 【がんか】 【せいけいげか】

問題4 ①c e d ②a f b

（1）

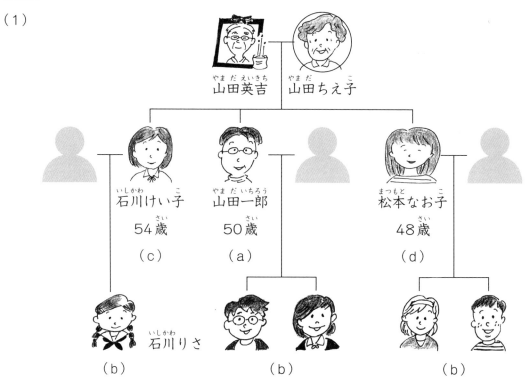

a.【ちょうなん】	b.【まご】
c.【ちょうじょ】	d.【じじょ】
e.【そふ】	f.【はは】
g.【そぼ】	h.【ちち】

（2）

　　きょうからお世話になる山田ちえ子を、よろしくお願いいたします。わたしは、（　c　）の石川けい子です。小学校の教師をしております。今、わたしのとなりにいる山田一郎はちえ子の（　a　）です。そのとなりの松本なお子は（　d　）です。

　　（　h　）の山田英吉が６年前になくなって、（　f　）は５年前からわたしたち家族と一緒に住むようになりました。子どもが大好きで、（　b　）たちをほんとうにかわいがってくれました。わたしの娘のりさもおばあちゃんが大好きです。

　　（　f　）は昨年から体調をくずして、わたしたちでは介護が難しくなりました。こちらで専門の介護が受けられることになって、本当に安心しております。

ユニット16

問題1　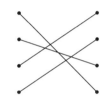
① 盆踊り
② 忘年会
③ 敬老の日
④ 新年会

a. 老人の長生きをお祝いする日です。
b. お正月のお祝いです。
c. 12月の終わりごろ、します。
d. おぼんのお祭りでおどります。

問題2　（1）2月14日　（2）節分　（3）金曜日　（4）2月17日　（5）火曜日

問題3　①【こうしゅく】（a）　②【ぎょうじ】（c）　③【しゅうし】（d）
④【がいきよく】（c）

問題4　① c　a　d　　② b

問題5　① e　f　g　　② a　b　c　d

ユニット17

問題1 介護支援専門（a. 員）　　機能訓練指導（a. 員）

【かいごしえんせんもんいん】　【きのうくんれんしどういん】

栄養（b. 士）　看護（c. 師）　医（c. 師）

【えいようし】　　　【かんごし】　　　【いし】

問題2 ①たいしょう　じゅういちねん　さんがつ　むいか

②しょうわ　よねん　いちがつ　いつか

③へいせい　く（きゅう）ねん　しちがつ　よっか

④れいわ　にねん　くがつ　ついたち

問題3 ①f. 計画【サービスけいかくしょ】　②e. 復帰【ざいたくふっき】

③c. 自立【じりつしえん】　④b. 目標【ちょうきもくひょう】

⑤a. 月日【せいねんがっぴ】　⑥d. 区分【ようかいごじょうたいくぶん】

問題4 ①a　②h　e　③g　c　b　④f　d

ユニット18

問題1

（1）火　木　日

（2）仕事の日（げつようび、かようび、もくようび、きんようび、にちようび）
　　休みの日（すいようび、どようび）

（3）どようび

問題2

衣	類	汚	物	消	毒	徹	底	確	認	区	別
い	るい	お	ぶつ	しょう	どく	てっ	てい	かく	にん	く	べつ

（c）　　　　　（d）　　　　　（f）　　　　　（b）　　　　　（a）　　　　　（e）

問題3

（1）

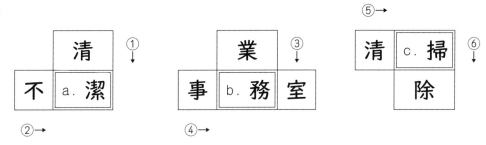

（2） ①【せいけつ】　②【ふけつ】　③【ぎょうむ】　④【じむしつ】　⑤【せいそう】

　　⑥【そうじ】

問題4　①e　②c　d　b　③a

ユニット19

問題1

（1）

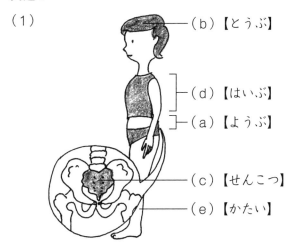

（2） ①e　②b　③d　④a

問題2

（1）

疼	痛
とう	つう

（b）

褥	瘡
じょく	そう

（a）

浮	腫
ふ	しゅ

（d）

腫	脹
しゅ	ちょう

（c）

問題3 ①けいげん ②かいぜん ③しょち ④たいおう

a. ③ b. ④ c. ② d. ①

問題4 ①c d e a ②f b g

ユニット20

問題1

(1)

a.

消	灯
しょう	とう

b.

巡	回
じゅん	かい

c.

夜	間
や	かん

d.

就	寝
しゅう	しん

(2)

(c)

21:00　　23:00　　1:00　　3:00

（a）　　（d）　　　　　（b）

問題2 ①【こうふん】(c) ②【すいみん】(d) ③【じゅくすい】(a)

④【みんざい】(b)

問題3 訪問　睡眠　訪室　来室　来訪　下剤　眠剤　安眠

問題4 ①g h d c ②e i b